父母不動氣！孩子能聽懂的

輕鬆應答法

立即可用！

常見教養情境 × 話語範例，

跟孩子好好說話不心累

輕鬆媽媽
大場美鈴 著

林曉婷 譯

前言

　　你好，每天養兒育女的你辛苦了！我是育有三個孩子的媽媽，我叫大場美玲，和你一樣是「我家孩子的專家」。在育兒的同時，我也以「輕鬆媽媽（楽々かあさん）」為名，時時分享關於我對發展障礙及尚處灰色地帶孩子的育兒訣竅及想法。

　　看似溫和的我，其實以前也是經常生氣的媽媽，每個晚上我都會看著熟睡的孩子，反省著「我今天又生氣了」、「我應該對孩子再溫柔一點」。

　　因為很想改變那樣令人無力的狀況，於是我透過自學，嘗試各種育兒方法，並且在不斷的修正過程中，找到適合我家孩子的對話技巧。我將這份技巧整理成「改變說話方式表」，於2014年分享在網路上，得到了很大的迴響。

　　當時我心想：「對我家（需要更多關照的）孩子們都容易溝通的方式，似乎也適用於大部分的孩子。」即使媽媽不生氣，還是有很多可以讓孩子聽懂的對話技巧，以及努力的方向。

　　雖然我這樣講，但老實說即使到現在，當我面對著完全不受控的孩子們（就算我知道原因），仍會失控生氣，過著非常有人性的每一天（笑）。

　　因為父母的精神、體力、時間及財力都很有限，而孩子是活生生的個體，他們當然不會按照我們所想、所期待的那般成長！

　　孩子是我懷胎十月所生，我當然得照顧他們。儘管如此，其實也只是讓孩子吃飽、睡飽，不過每天也確實比昨天有所成長。

　　所以，就算是沒有做什麼事的一天，也要跟自己說聲：「今天我很努力了！」然後繼續過完每一日。

這本書就是以身為「這樣的母親」全心全意寫下的，是在育兒同時，也照顧自己，為了實踐親子溝通的一本書。

不過，這並不是一本可以把孩子變成「不傷腦筋的孩子」、「很聽話的孩子」、「與人相處融洽的孩子」、「什麼都會的資優生」……又或者是教出「普通孩子」的書。

本書陳述了很多方法，但不是勉強孩子做改變，而是協助父母找出自己可以做的事。例如，找到孩子合適且聽得懂的對話方式，或是改變父母自己的看法等，讓親子在某種程度上彼此妥協，並且不斷的溝通，設法一起走完這段育兒之路。

期許看完這本書的讀者，會開始覺得自己的孩子「雖然有點令人傷腦筋，但還是很可愛」、「雖然不怎麼聽話，但也不是完全無法溝通」、「即使無法與人相處融洽，但最基本的禮儀好像還可以」、「不管會不會做某件事，孩子都是喜歡自己的」、「雖然有點個性，但感覺還過得去」。

另外，本書給父母的目標也絕非成為「完美又理想的父母」、「絕不生氣的育兒」或是「完全不罵的教養」。而是以育兒就是「會焦慮」、父母就是會「不小心發脾氣」做為大前提，來寫下這本書。

因為「媽媽」、「爸爸」這樣的工作，可是世界上珍貴且罕見的專業，卻是全年無休、無領薪，還需要不斷付出飲食費及教育費，這是多麼令人吃驚的「不良企業」。

在如此苛刻的條件下，父母還是花好幾年、好幾十年持續照顧著孩子，直到他可以獨立生活為止。所以，我深刻的感受到，有個具體輕易可行，並以長期備戰為前提，能夠「不勉強、可持續」實踐的育兒法是必要的。

因此，這本書是把育兒變得更輕鬆的166個對話轉換範例，按

照97個步驟依序排列，用淺顯易懂的方式呈現。

　　當父母覺得孩子「都聽不懂」時，或許可以試著參考本書的方法，稍微改變一下對孩子說的話。

　　父母在改變的過程中會發現，不知從何時開始，不再那麼在意孩子做不到的地方，反而漸漸注意到，孩子會做的事情變多了。同時也在不知不覺中發現，自己不管是孩子的優點或缺點都好愛。隨後也會感受到，總有一天慢慢放手的日子必會到來……。

　　如果可以透過這本書，陪伴著閱讀的你，不管經過幾個月或是幾年，一起育兒、一起體悟，就再也沒有比這更高興的事了。

輕鬆媽媽
大場美鈴

● 整體結構

在本書的結構裡，第0章和最後的結語章，主要是關照及整頓父母的心，而第1～5章則是「大方向性的」依照孩子的身心發展階段來編寫，所以可以依照步驟（Step）順序來閱讀。

但是，這本書並非以「○歲左右的孩子」、「○年級的孩子」等這類的標準年齡、學齡來假設孩子的發展。

孩子的發展有其個別差異，因為每一個孩子都有比其他孩子發展較快或較慢的發展差異（這就是個性）。

希望讀者不要被標準年齡給限制住，也期許不管是幾歲或幾年級的孩子，每個家庭都能一邊探索、一邊適時調整做法，給「眼前的這個孩子」搭配最適合的步驟。

● 閱讀方式

父母可以自行判斷「這部分已做到」、「已滿意」，那麼閱讀時直接跳過也是可行。

但若是覺得「好像不是很順利」、「似乎還是聽不懂」，建議各位可以隨時回到前一個步驟，或前一個章節再次閱讀。

然而，當你在感受到「不得不這樣做」、「這個那個都非做不可」等育兒壓力時，建議可以參考第0章和最後結語章的內容，那將會是我的榮幸。

● 本書內容①

這本書並沒有將所謂「普通的孩子」與「發展障礙的孩子」在育兒方法上劃出明確的分界線。

這是因為「普通」及「障礙」的界線很模糊，而且跟發展障礙孩子溝通的方法，其實也適用於一般普通的孩子。

另外，我認為父母對孩子說的話和關照的方式，其實大同小異，只是根據每個孩子不一樣的個性，所需要的量、頻率、程度、時間點有所不同而已。

至於更敏感的話題，以及發展障礙的孩子才有的獨特煩惱等，可以另外參考「輕鬆育兒諮詢室」專欄，我再詳細回答。

● 本書內容②

雖然為了方便起見，在文章裡有使用「容易忘東忘西的孩子是……」、「不會察言觀色的類型是……」等寫法，但話說回來，那孩子會變成這樣（又或者被認為是這樣）其實有很多理由，而且每個孩子發生的程度和頻率也有差異。

因此，並非將孩子一律設定為「ADHD（注意力不足過動症）」或是「ASD（自閉症類群障礙）」就好。要知道，被診斷出發展障礙的孩子，也會因為那孩子的個性、特徵及周遭環境等因素而有所不同，所以其實根本無法用類型來分門別類而概括一切。

但是，請原諒我在有限的篇幅中，為了更有效率的傳達內容，不得不用這樣的寫法跟讀者說明。

若各位能依照自家孩子的個性及家庭的狀況，靈活的應用這本書，那就太感謝了！

CHAPTER 1 建立愛與信任的對話法

CHAPTER 2　建立信心的對話法

CHAPTER 3 讓孩子聽得懂的對話法

CHAPTER 4　建立自律的對話法

CHAPTER 5 培養共生能力的對話法

結語 為自己打氣

重點1 享受與孩子之間的自然對話

請享受與孩子的日常對話,你並不需要努力讓孩子處在「每天24小時都充滿肯定和溫柔言語」的環境中。

因為現實是,這個世界並非充滿著溫柔的言語,即便父母一再忍耐、壓抑自己的情感,這樣的結果也對家庭不好。

其實只要感覺到「不知怎麼的,就是無法好好溝通」時,就參考本書的溝通範例,就十分足夠了!

重點2 即使無法順利轉換對話方式,也不要自責, 要看到自己的努力

如果不小心將BEFORE的對話句說出來,請不要自責:「我真是糟糕的爸爸/媽媽!」(順道一提,其實我經歷過書中全部的BEFORE對話句。)

即使用了AFTER的對話句,也未必就代表是「好父母」,不管你在育兒的對話方式上是否有改變,你仍然每天都非常努力的照顧孩子,始終如一。

但如果父母一天到晚都在生氣,親子之間不斷有摩擦,這樣對雙方來說都太辛苦了。因此,如果能把這本書拿來當做一種能稍微輕鬆且有效率的「育兒省力術」來使用,那就太好了!

重點3 找到對自家孩子最適合的對話方式

用這樣的講法真的很抱歉,因為我完全不了解其他孩子。本書所介紹的對話方法,是基於我自己的經驗,以及適用於我家孩子的溝通方法,並整理出容易應用在更多孩子身上的內容。

然而,這並不代表這些方法就是育兒的正確答案。親子關係中的解答,應該取決於孩子的個性和家庭的樣貌,創造出無限的可能

性。因此，找到最適合自家孩子的對話方式，需要父母不斷的摸索與尋找。

但請放心！做為「我家孩子的專家」，你一定能夠做到。因為你是最了解孩子的人，而且孩子對你所講的每一句話，比其他人說的話都還要期待。

重點4 把自己的事情，看得跟孩子的事情一樣重要

在實踐過程中，絕對不要勉強自己。為了讓每天操勞的父母可以輕易的持續施行，我一再告訴大家要盡量降低這本書的標準。

儘管如此，若你依然覺得「太難了」，請不要顧慮太多，讓自己休息一下。然後，不要將所有事情都攬在自己身上，請分擔給你的隊友或是其他人，找一個可以寄託的人分擔出去。

但即使短暫的將孩子託付他人，「父母」仍是誰也無法取代的角色。這真的是很辛苦的一件事，對吧？

但這也意味著，對孩子來說，世界上只有一個「媽媽」和一個「爸爸」。這樣的你，在孩子心中是多麼無可取代且重要的存在。

因此，請把自己的事情，看得跟孩子同等重要並且珍惜。

CHAPTER

整頓自己心理的對話法

這個章節是暖身運動。

首先,在進入孩子的事之前,要不要將自己的
心理也整頓一下呢?

不需要追求完美,即便生氣了也無所謂,畢竟
父母也是可以有做不到的事。

太過努力到鑽牛角尖的你、太忙導致沒有多餘
心力的你,請深呼吸並讓自己的心跟頭腦做伸
展運動。比起任何人來講最重要的是,若不能
善待自己,絕無可能善待孩子。

不做「完美的父母」

對話001 基礎篇

BEFORE 我又生氣了

換句話說

AFTER 沒辦法、沒辦法，這很正常～

POINT 立即放棄「絕不發怒的育兒法」

　　我先聲明，「絕不發怒的育兒法」對活生生的人來說是不可能的，應該要立即放棄！（笑）

　　父母也是人，人是有情緒的生物，這是理所當然的，然而大家都會忘記。「不斷的忍耐」對身體有害，不管是父母或孩子都應該拒絕！

　　但是，如果父母每天都在生氣（像我以前一樣）、孩子每天都被責罵，這樣彼此都會很辛苦，因此只要脫離那種狀況就可以了。請為自己設定一個努力的目標，只需要跟自己比，將「我又生氣了」的狀況減低10%～30%，更重要的是學會「沒辦法、沒辦法，這很正常」的想法，做到放下、放手，才是最務實的。

　　因為父母愈是為孩子著想，愈是發現孩子無法按照自己所想的進行，所以當然覺得焦慮與生氣。其實父母的焦躁正是負責任且盡心盡力育兒的最佳證明。

　　只要全家都元氣滿滿，其實就值得給滿分了。

設定一句讓壓力當下釋放的話語

父母可以事先準備好一句話，當育兒開始鑽牛角尖或是心累時，就對自己講這句話，是很好的提醒。

無論是在日本還是世界各地，有很多種表達方式，能夠鼓勵我們寬容的對待自己、容許「剛剛好」和「不完美」。

〔馬上釋放壓力的例句〕

沖繩方言	Nankurunaisa~（船到橋頭自然直）
宮崎方言	Tegetegedeichaga（隨意就好）
石川方言	Jamanai、Jamanai（沒問題）
德島方言	Shiwashiwaikiyo（慢慢來吧）
靜岡方言	Iidayo、Iidayo~（別在意）
茨城方言	Ha~、Yokappe!（哈～夠了吧）
宮城方言	Otsukaresandaccha（辛苦了）
北海道方言	Nanmo、Nanmo（好了，沒關係啦）
英文表現	Take it easy.（放鬆些）
英文表現	That's good enough.（這樣已經很棒了）

另外，在你的人生中，是否曾經因為恩師或朋友的一句話，讓你突然釋放了壓力呢？

曾經有個老友給了我一句話：「沒有什麼是無法重新再來的事。」這句話一直留存在我的心中。

遠離「理想父母」

對話002 基礎篇

BEFORE ▸ **我是個糟糕的家長**
▼
換句話說
▼
AFTER ▸ **我是個努力過頭的家長**

POINT **每個人都有就算努力也無法克服的事**

很遺憾，無論你是什麼樣的人，無論你多麼努力，總有些事情是你做不到的。

不管是父母、孩子或任何人，一定都有「無法透過努力而克服的事」。

因為父母的時間、體力、精神及財力等都有上限，再說根據每個人的個性不同，一定會有「無論如何都做不到」、「即使你盡力而為也不可能發生」的事。

要父母對孩子的愛永遠且無限的持續，這類論調對我來說，就像是一個美好的幻想。

所以，如果有父母現在正全心全力照顧著孩子，卻為了「一點都不順利」、「結果我還是生氣了」、「有時候覺得孩子一點都不可愛」等情況，因此責備自己「我真是個糟糕的家長」，希望你重新轉念，了解其實「自己是努力過頭的家長」。

現在真的需要去做的事，並非再努力、再加油，而是稍微休息、喘一口氣、放鬆一下才對吧？

所有事情都排好優先順序

　　首先，透過視覺化的工具，來判斷自身能力的上限，會更容易確定事物的優先順序。

- 家族類型的日曆。
- 行程管理 APP（家人可以共用的應用軟體）。
- 便利貼、To Do 清單、公佈欄。

　　請活用以上輔助工具（當然不只這些），然後將計畫或「要做的事」全部寫出來，並分享讓所有家人都可以看見。

　　再來，將事情分成「無論如何必須立即執行的事」、「我想盡快做的事」、「如果可以，我想要做的事」等，排出優先順序（若使用顏色做區分會更好！）

　　接著進行整體規劃，若完全沒有喘息空間，就會非常辛苦，建議養成一個習慣，問問自己：「只有我才能做到的事是什麼？」

　　完全沒有必要「一個人獨自承攬、要正確、要完美」。在家庭財務規劃上也是一樣，當育兒負擔很重時，父母需清楚自己珍貴的能量還剩下多少，從中節約、儲存，以便真正運籌帷幄！

　　例如想去接小孩但有困難時，就善用家族支援或是接送服務。

　　準備學校的用品或是工藝材料等，大概都能在網路上買得到。午餐袋或是學校用的抹布，不管是自己做或是在百元商店購買，其實都是一樣的東西。

　　難道你不覺得還有其他更重要、唯有父母才能完成的事嗎？父母有限且珍貴的愛應直接傳達給孩子——不需要藏在手作小物或便當盒裡。

BEFORE　**媽媽需要永遠保持笑容！**

換句話說

▼

AFTER　**你這大笨蛋！**

POINT　「媽媽是人」，釋放內心的詛咒

「媽媽是太陽」、「媽媽是大地」、「媽媽是海」此類標語都對「媽媽」抱有過度期待，太過理想化。

當然，「媽媽是人」。

並不是這世界的期待，特別是男性、祖父母一代或沒有育兒經驗的人，對「理想媽媽」的幻想、妄想，就可以塑造出媽媽的樣子。（請勿擅自神格化！）

真正的育兒不是靠著講些漂亮話就能做好。

我實在很想告訴大家，在對媽媽說出「請永遠保持笑容」這類話之前，麻煩請先看看我家裡的慘狀再說！

當你感受到這種「理想媽媽」的壓力時，請在自己內心吶喊：「你這個大笨蛋！」來解除這魔咒的束縛吧！雖說媽媽展現笑容是很美好的一件事，但若「一再忍耐」而將自己的心封印起來，真心的笑容終將消失殆盡。

然後，請仔細思考斟酌，即使是太陽，在晚上也需要好好休息，大地也會適時的發怒；大海也是因為蘊藏豐富的營養，才得以如此多采多姿！

所以說，身為媽媽的每一位讀者，請大大方方的好好睡覺、適時的發怒，更可以稍微喘息，吃一些愛吃的食物，身為媽媽的你，值得擁有這些小確幸！

Step 03　關注自己已經做到的事

對話004　基礎篇

BEFORE　連這種事都做不到……真是失敗的父母

▼

換句話說

▼

AFTER　但是，這個部分你做到了

POINT　刻意讓自己專注在已經做到的事情上

　　在育兒過程中，「關注到孩子會做的事」非常重要（參考 Step25，p.93）。

　　但在那之前，建議父母先練習有意識的留意「自己已經做到的事情」。如此一來，也就會很容易去關注到孩子已經做到的部分。

　　做為有強烈責任感的父母，比起做到的事，往往更容易注意那些做不到的事情。

　　但是，當在心中播放自己變成「狠毒老太婆」的片段，並獨自陷入沮喪之前，何不試著好好回想一下？

　　試著回顧自己的一整天，雖不能說是滿分，但應該也可以察覺到平安順利度過的這日，相對來說一定有努力做到了某些事情，冷靜的完成了日常工作，或是讓孩子開心的事情等。

💗 製作一份「已經做到的清單」

「我知道自己有做不好的事，也從來沒有被稱讚過。」「就算一年四季都無支薪的工作，我也沒有獲得任何感謝。」「我總被認為『你是父/母』，做這些是理所當然，本就應該做到。」……。

每天拚命的照顧孩子，如果只有以上這些感受，我相信不論是誰，都會漸漸失去自信。

正確的順序應該是，在幫助孩子建立自信之前，要先「恢復父母本身的自信」。

我建議父母製作一份自己的清單，列出「已經做到的事」、「自己的優點」、「自己很棒的地方」。

不論是手寫在本子上，或是用手機APP傳訊息給自己也沒問題。如果可以，盡量擠出100項清單！

或許有人會覺得無法寫出那麼多項（這可以在清單裡寫下「謙虛」），那麼，就請你一邊問自己以下問題，一邊重新思考。

我相信你可以從每天看似理所當然的事情中，發掘出很多自己已經做到的事、自己的優點，還有自己很棒的地方！

Q：「這真的是我本來就該做的？我去做是理所當然的嗎？」
例如：每天為家人準備三餐（包含孩子在學校的營養午餐、自助餐、出外用餐）、照顧孩子玩樂的環境及收拾殘局。

Q：「這真的是我的弱項、缺點嗎？」
例如：多管閒事，也可以說是「重人情、很會照顧人」。
愛操心，也可說是「謹慎、貼心」。

Q：「這說不定真的是我努力後的結果？」
例如：雖說孩子非常好動活潑，但至今都很平安的生活著。
即使是討厭上學的孩子，在家仍可以安心的過生活。

Q：「或許真的是因為家人太愛我了，不是嗎？」
例如：即使沒有什麼事，也常常指名找「媽媽」。
家人一定會回家（即使需要繞遠路）。

對話005　應用篇

BEFORE ▷ **今天又一直發脾氣**

換句話說
▼
AFTER ▷ **今天又不小心生氣了，真抱歉。我愛你**

POINT　以「一天的結尾若順利，這一天就是完美的」來重整歸零

話雖如此，家長無法善待孩子的那一天，在睡前難免還是會自我反省。

比起一邊看著孩子睡著的模樣，一邊痛苦的自我反省，不如在孩子快睡著之前，好好的給予一個擁抱，並告訴他們：「今天我生氣了，很抱歉。我好愛你們。」若這樣做，大致上應該都可以重整歸零。

為了明天，就以「一天的結尾若是好的，這一天就是完美的」來為自己充飽電吧！

從遊樂園回家時的法則

在假日時帶孩子去遊樂園玩，全家人都度過愉快的時光，但當父母說「回家」時，孩子開始暴走大哭，最後父母就說：「以後不會再帶你來了！」然後抱起孩子回家。不知道你遇過這樣的經驗嗎（笑）？

在這個情況下重要的是：不要讓尷尬的氣氛持續下去，而是專注在「到要回家之前，我們都玩得好開心呢！」這樣的處理才是關鍵。為了那一點點的「不開心」，而把到目前為止的「開心」全部遺忘，這樣就太浪費那麼貴的入場券了，不是嗎？

Step 04 依重要程度區分對孩子的要求

對話006 基礎篇

BEFORE 這件事、那件事都要做好才行！

換句話說
▼

AFTER 這件事，非得現在完成不可嗎？

POINT 馬上非做不可的事，其實並不多

　　所謂的父母，或許在本能上就會期許孩子「那個若學會了，就學這個」、「這個若會了，再換那個」，期待著孩子成長。

　　再加上，若社會環境讓大人難以容許孩子在公園自由玩耍，對育兒這件事，父母更容易感到無形的壓力。

　　但是，若覺得什麼事都要「督促孩子好好完成」，就會不自覺一直去看孩子做不好的地方。

　　若你自認快變成「那個也要、這個也要」，如此不斷要求孩子的媽媽時，可以先問自己：「這件事一定要現在做嗎？」

　　當然在某種程度上，有必要顧慮周遭的人。然而，孩子的很多行為，例如哭、笑、生氣、嬉鬧、跑來跑去等，都是這個年紀才有的特權。

　　事實上，「一定要現在做到的事」應該不多。

父母要求孩子的事，以重要程度區分

　　若父母的責任是將來把孩子送入社會，那對於希望孩子所具備的能力，需要區分為「確實必要的事」及「不用那麼努力的事」。

　　因此，可以試著以重要程度來區分目前對孩子的要求。當父母心有餘而力不足時，試著只做「重要程度高的事情」。

調整對孩子要求的程度

① 在標籤上具體寫下目前覺得「必須督促孩子認真做到的事」，以及「必須讓他學會的事」。

② 將這些內容以重要程度來排序，區分成像以下的表格。不過，這表格畢竟只是我家的例子，對於重要性的先後次序，會根據父母對「人生觀及育兒方針」的差異而有所不同，請各家庭自行調整。

〔 重要度等級表──我家的例子 〕

重要度 5	沒有基本的生活能力，很難在社會上立足。 例：維持健康與衛生、遵守道德規範等。
重要度 4	達到某種程度，生活會比較輕鬆。 例：基本的自我管理、有一點溝通能力、禮儀等。
重要度 3	若能盡量學會，可以為自己的人生加分。 例：了解自己、具創造力、危機管理能力、諮商力等。
重要度 2	即使只學會一點，人生也也會更多采多姿。 例：興趣、教養、適度的人際交往、開車等。
重要度 1	即使沒有這些能力，在生活上也不會有太大的障礙。 例：背出年號或公式、吹直笛、跳繩等。
重要度 0or ▲	就算學會也不太實用，反而可能讓自己吃虧。 例：只顧一味的忍耐，超越極限的忍耐力。

Q 雖然有點在意「我家孩子該不會是發展障礙吧？」但被說是「障礙」，總覺得有點太誇張……

A 「障礙」會因為孩子的個性和環境的契合度而有所改變。

最 近這幾年，大家對「發展障礙」這個詞並不陌生，只要孩子有幾個特徵相符，許多父母就會不安的想：「我家孩子該不會也是……」的確，孩子在接受合適的治療教育或輔導後，會減少他們失敗與被罵的機會。再者，若持有身心障礙手冊，還可以得到一些公家機構的扶助金、免稅或就業支援等好處。

若父母對孩子的發展有疑慮，不妨先到經常去的小兒科診所諮詢。若有特別在意的部分，也可以請醫生轉介相關的專科門診。

但是，若真的被視為「障礙」，父母反而會認為「孩子確實有點不太一樣，這應該只是他獨特的個性」、「總覺得有點小題大作」……這樣想的父母應該不少。所以說，從哪裡開始算是「個性」？從哪裡開始算是「障礙」？要劃出這樣的界線極為困難。

我認為孩子與其所處的環境是否合適，取決於這中間是否有「障礙物」，孩子能否毫無障礙的正常生活，其實都會因每次的環境不同而有所改變。

舉一個極端的例子。若某天人類突然變回原始狩獵生活，那些在學校被視為過動、具有衝動性的問題兒童，可能就會變成超級優秀的人才。反之，本來並不被視為有「障礙」的孩子，可能會因為處在不寬容、不友善的環境，導致他有一些問題行為、明顯不擅長某事，進而無法適應環境。

然而，不管被診斷出什麼症狀，無論是怎樣的孩子，父母該做的事都是一樣的，只要不斷傳達自己的愛給孩子，並用適合孩子的方式相處就好。

區分自己和他人

對話007 基礎篇

BEFORE ▸ **為了孩子！**
▼
換句話說
▼
AFTER ▸ 我是我，孩子是孩子

POINT ▸ 與孩子劃上良好的界線，是父母可以保持冷靜並善待孩子的關鍵

父母對「為了孩子」這句話，完全無法招架。

尤其是媽媽容易將孩子視為自己的分身，所以若孩子發燒了，就會想要「替他受苦」；當孩子賽跑贏得第一名時，她們會感到自豪；當孩子被朋友排擠時，她們也會感到心痛無比。這就是愛，覺得自己的孩子特別可愛，即使沒有報酬，也願意持續育兒，我認為這是父母非常重要的動力來源。

另一方面，若把育兒視為自己的「全部」，難免會對孩子產生過度的期待，也很容易對孩子的事喜憂參半，當孩子事情做不好或不如自己期待時，就可能會感到不安、焦慮與不耐煩。

雖然父母難免會特別在意孩子，但某種程度上，若可以好好劃分出「我是我，孩子是孩子」的界線，那麼就算孩子做不到的事擺在眼前，也不會讓自己心裡太過難受。

與孩子之間好好劃上一條界線，就是父母可以保持冷靜並善待孩子的關鍵。

BEFORE　那件事……若真如他所說該怎麼辦？

換句話說

AFTER　別人是別人，我是我

POINT　「多管閒事」的言語，左耳進右耳出即可

　　在這世界上，總是充滿了沒有確切根據的資訊，像是「如果這麼做，就會變成○○的孩子」。有時在和其他人的互動中，也會讓父母感到困惑和煩惱。

　　舉例來說，祖父母曾告訴過你：「一點零食都不能吃喔！」或者即使實際上看不出有什麼特別的問題，但因為朋友的猜測和自以為是的判斷，就會聽到一些謠言或隨意的斷言，像是「某某老師教得不好」或「那個孩子有問題」，然後就會開始產生「或許真的是這樣」的感覺。

　　用一句話來形容，這就是「多管閒事」（笑）。因為終究只是「那個人這麼想」，所以當聽說了什麼事的時候，只要將感受停留在「有人是那樣想的」，做為參考即可，並且劃出「別人是別人，我是我」的界線，「喔，是這樣嗎？」讓這些話從左耳進、右耳出就好。

　　對於他人的「多管閒事」，就當過濾垃圾郵件那般，自動歸類即可。

　　若能順利在自己和他人之間好好劃出界線，父母就不會輕易被他人意見左右，對自己育兒的方式也會更加堅定。

以「自己、孩子、他人（環境）」來劃分課題

要不要試著把育兒煩惱（課題）劃出「自己、孩子、他人（環境）」的界線呢？這樣做，焦慮的情緒應該會舒緩一點。舉例來說，孩子不擅長團體活動，這可能需要孩子本身或家庭的努力，但也有可能是因為老師要求過高、學校人力不足等環境因素的影響，導致問題被過度關注。

劃分育兒課題的步驟

① 將煩惱具體化，以行動為基礎，寫在便利貼或其他紙張上。

② 將以上整理出來的內容，參考下方表格，一一分出「這是誰的課題」、「主詞是誰」，歸類到「自己、孩子、他人（環境）」。

〔育兒課題的劃分表：我家的例子〕

孩子的課題	● 期許孩子能自己做到的事。 ● 孩子將來獨立生活很重要的事。 **可以做到的事，例如：對話、守護、調整環境。**
自己的課題	● 因自己的個性、成長方式、人生經驗等，而形成的思考習性，不自覺在意很多細節的毛病。 **可以做到的事，例如：自我理解、努力、妥協、讓步。**
他人（環境）的課題	● 因為對方因素或有些問題才引起的事。 ● 因為社會上的規則或問題才引起的事。 **可以做到的事，例如：與第三者商量、改變環境。**

「孩子」的課題，父母無法取而代之；要求「他人」想法或社會環境立刻改變，應該也有困難。因此，找到「自己可以做的事有哪些」這種具體可執行的目標，一步步實踐才是關鍵。

CHAPTER
0

整頓自己心理的對話法

37

對話009 基礎篇

BEFORE 吵死了！給我滾去那邊！

換句話說

AFTER 媽有點累了，去睡一下喔！

POINT 感到煩躁時，不要反省，請先休息

　　每個人在疲倦時都會感到焦躁（我也是），更何況是無法如你所願的育兒生活。如果再加上只能靠自己完成一些責任的情況，例如工作、照顧二胎以上的孩子、照顧有障礙的孩子等，我相信那一定更加困難。

　　無論我們有多累，孩子都不會「手下留情」，不會停止對我們說：「媽媽，幫我做這個，還有那個。」

　　在這種時候，父母該做的不是反省，而是「去睡覺」；不是告訴自己「不可以焦慮」，要關注的是「若遇到這種情況，該怎麼做」，這才是現實中該面對的事。

　　當察覺到「我好像開始有點焦慮了」時，我建議父母就跟孩子說一聲：「媽有點累了，先去睡一會兒。」然後馬上離開現場，稍微休息一下。

　　也許孩子會追上來，但剛剛說了要休息，就應該確實休息。

　　久而久之，成為習慣之後，孩子就會漸漸明白「這道理」。

感到焦慮時，隨時可以用的小技巧

　　除了睡覺以外，當感到焦慮時，能讓人冷靜下來的小技巧其實很多。以我自己為例，我會……

> ● 呼～吐一口很長的氣後，呼吸一下（也稱嘆氣）。
> ● 去廁所休息（布置一些孩子可愛的照片）。
> ● 伸展身體（旋轉、伸展頸部和肩膀）。
> ● 洗臉、刷牙，打開窗戶通風一下。
> ● 執行一些不用動腦、簡單又單調的家事（洗碗、洗衣服、摺衣服、刷鍋子、除草、壓扁空罐等）。
> ● 喝一杯水或一杯茶。

　　重點是暫時與孩子在心理及物理上保持一點距離，然後給自己一點感官刺激。

　　若是太鑽牛角尖，難免會覺得：「我照顧孩子時，一整天根本不能好好休息。」「連片刻休息的時間都沒有。」

　　然而，像深呼吸這樣的事，不是可以依照自己的意思和時機隨時試試看嗎？

　　冷靜想一想，你真的連喝一杯茶的時間都沒有嗎？（就那麼喝一杯茶的時間，讓孩子等等也無妨）。

　　請不要太苛求自己了！

💡 增加「省事小祕訣」

如果真的連一下子都無法好好休息,那連同目前的工作方式,都必須從生活的根本開始,重新仔細檢視一番!

雖然我已經重複講了很多次,但在此還是要重申:父母也是人,所以時間、體力、精神、愛都有上限。就算努力到累垮了,就結果而言,對孩子也並不好。

其實設計一些節省時間和精力的方法,悄悄增加「省事小祕訣」是很棒的!即使是很小的一件事情,在要做與不做之間,我認為承受的負擔會有很大的不同。

雖然有點害羞,但在這裡特別公開我的「省事小祕訣」給各位參考。(我只在這裡透露喔!)

- 孩子的室內鞋和鞋子可放入洗衣袋裡用洗衣機清洗。
- 曬乾的衣物若沒時間整理,就把它們放成一堆,在前面放一個立牌,寫上「請自由拿取」(也可以玩模仿阿爾卑斯山少女海蒂的遊戲)。
- 浴廁的清潔就使用按壓式泡沫噴霧,因為不用刷,只需沖洗就好(家人可隨時利用紙巾來維持廁所清潔)。
- 爸爸只穿免燙襯衫或 POLO 衫。
- 國中男孩的便當,只需在保溫罐裡放入速食咖哩醬、飯碗、麵條,五分鐘就能準備好。或者跟他說:「早上記得到便利商店買午餐帶去學校喔!」
- 太累時,就叫外賣(也要隨時備著調理包和泡麵)。

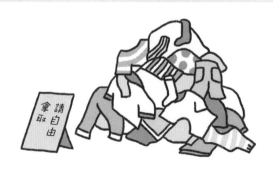

Step 07　減少碎碎念

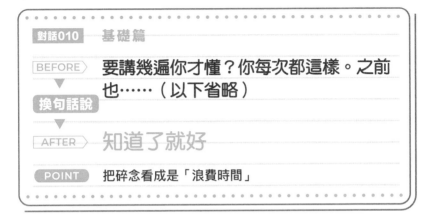

對話010　基礎篇

BEFORE　要講幾遍你才懂？你每次都這樣。之前也……（以下省略）

換句話說

AFTER　知道了就好

POINT　把碎念看成是「浪費時間」

在育兒的過程，多少都會產生焦慮與生氣的情緒。

想改善這樣的狀況，就是避開持續焦慮、生氣及不斷碎碎念的模式，盡早結束這樣的狀態，事情會更好處理。

之所以會不小心陷入碎念的情況，就是因為一個事件引發了回憶，讓你不禁想到「那時候也是這樣」、「這樣下去以後會怎樣」，然後就陷入思緒迴路而無法自拔。

但是，孩子認真在聽的時間，只有最初的一分鐘左右，即使父母長時間持續碎念，這「成本效益」也不值得（笑）。

一句話、兩句話、三句話，雖然我想說的話像山一樣高，但就把碎念當做「浪費時間」，轉成「知道了就好」，早早將矛頭收起來才是上策，以此提高人生的效率。

若你經常碎念，就用其他東西來取代，以此提高效率！

若覺得「每天都在碎念同一件事」，建議設法「用別的東西替代」，避免碎念變成一種模式。以我家為例：

> • 在電視旁的牆壁貼上關於電玩時間之類的家規。
> • 在馬桶蓋內側貼上「沖水了嗎？」自製標籤。
> • 在洗手台的鏡子貼上刷牙與洗手的順序貼紙。

當忍不住想要碎念時，只要指著那張紙，然後講一句「請看」就好了。

 如果這樣做也無法停止碎念……

事實上，我很懷疑「碎念」其實跟酒和菸一樣，有上癮和中毒的可能。

「碎念中毒」——無論如何都無法停止碎念的情況，就跟「不小心喝太多」、「不小心多吸了一根菸」，是一樣的狀態。「不小心多說一句」的背後因素，可能是：

> • 壓力過大或容易累積焦慮和不滿。
> • 適度休息或緩解壓力的選項很少。
> • 難以看到問題的具體解決方案。
> • 容易碎念的情況已經模式化。

當然不只上述這些。我認為應當把碎念當做一種生活問題，好好回顧並檢視生活的全貌，為了自己和家庭的健康，需要一點一點減少碎念的習慣。

避免憑第一印象下定論

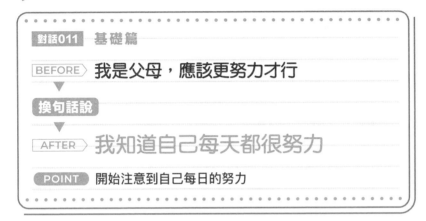

對話011　基礎篇

BEFORE〉**我是父母，應該更努力才行**

▼

換句話說

▼

AFTER〉**我知道自己每天都很努力**

POINT　開始注意到自己每日的努力

因為很擔心帶給鄰居困擾，拚命不讓嬰兒哭；坐電車時，為了不讓孩子吵鬧而費盡心力；若孩子有一點點跟其他小孩不同，就會感到不安；認為孩子只要失敗一次或稍微心有旁騖，就無法再重新來過⋯⋯。

如果你是在如此高壓的環境下照顧孩子，難免會有「我得更努力才行」的感覺。

很多時候，周遭的人其實只看見育兒「極小的部分」。剛剛好只看到孩子哭鬧暴走、說出很多任性的話，而父母因耐心消磨殆盡，脾氣瞬間炸開的「部分」，然後就批評：「真是的，最近的父母真是如何如何。」外人經常看不到事情發生的前因後果，看不到父母每天拚命到快昏倒的努力。

但即使沒有人看見、沒有人誇獎，唯獨自己不能忽略「我每天都很努力」這件事，為什麼不好好關注自身平日的努力呢？就把那些來自他人的育兒壓力當成「耳邊風」吧！

駕訓班的「防禦駕駛」法則

在日本，駕駛人在駕訓班或駕照更新時，都需要了解「僥倖駕駛」與「防禦駕駛」的差異。

在道路死角處，「僥倖駕駛」想的是：「大概不會有路人吧？」而「防禦駕駛」想的則是：「雖然從這裡看不見路人，但說不定會有小孩子或腳踏車從角落突然衝出來。」後者才是正確的駕駛法則，這是駕駛人需牢記的內容。

如同上述道理，如果察覺自己以當下看見的部分，也就是用第一印象來下定論：「就是這樣吧。」我會盡可能擴大自己的想像力，並修正想法：「但是，或許可能是那樣。」

舉例來說，如果在公園看到帶孩子來玩的爸爸：

A. 是跟孩子有說有笑，一邊對話一邊盡力玩接球的爸爸。

B. 是坐在樹底下讓孩子打電玩，而自己則是看手機，感覺很隨便的爸爸。

乍看之下，A 是一位很棒的育兒帥爸，而 B 則是一位感覺有點靠不住的爸爸。但是，身為外人的我可以看見的部分，只不過是那對父子日常生活中的一小部分而已，不是嗎？

說不定 A 一年只跟孩子到公園一次，是在家裡會碎念「這裡居然有灰塵……」那種很令人疲憊的爸爸。

說不定 B 盡量騰出時間陪孩子，好讓媽媽能經常休息，而且跟孩子玩遊戲時很有耐心，屬於不太在意小事的慷慨型爸爸。

所以，若以十年、二十年都要持續好好育兒來說，說不定 B 爸爸比較可靠。

然而，重點並非「哪一個是好爸爸」，我想說的是，不要只用眼前看見的部分去判斷對方的全部。

為了緊急情況發生時……

對話012 **基礎篇**

BEFORE > 我可以

▼

換句話說

▼

AFTER > 我可以拜託你嗎？

POINT > 練習「接受」他人的好意

　　帶小孩雖然辛苦，但我相信你可能也有過「這個世界還是有溫暖」的體驗，對吧？

　　陌生的路人幫忙拿嬰兒車爬上樓梯，或是在你身體不舒服時，朋友陪著孩子一起上幼兒園，又或是學校志工幫忙看顧上下學的小學生……。

　　「如果有什麼事，我願意幫忙。」其實這樣想的人，在你我身邊似乎意外的多。困擾的時候，如果有人對你伸出援手，就不要再逞強，而是以「可以拜託你嗎？」的態度，誠心接受人家的好意，從平時的小事開始，練習「依賴他人」（很拚的人特別需要練習）。

　　如果真的不需要幫忙，就回應：「謝謝你，目前我可以處理。」只是接受對方心意也很好。

　　若將孩子暫時託付給鄰居或朋友時，請禮貌詢問並好好表達謝意。如果平時受到對方很多照顧，記得有機會就送一些伴手禮給他們，珍惜美好的關係。

 ## 列出緊急時用的「聯絡人清單」

為了準備應對可能的緊急情況，可以列出聯絡/諮詢人清單，並事前一一跟孩子介紹：「這是商量○○事情的聯絡方式。」

以我家的例子來說，像以下清單會貼在電話旁邊，手機則會登錄到電話簿裡，或是用書籤標記起來。

- 爸爸的手機、公司的電話、發生災難時的撥號號碼。
- 學校、平時去的醫療機構、警察局或是急救號碼。
- 靠得住的媽媽朋友／鄰居、祖父母或親戚的聯絡方式。
- 兒童輔導室、防治自殺珍愛生命的電話、霸凌及人權諮詢室等各種熱線電話（從學校拿來的卡片也放在一起）。
- 談青春期煩惱的網站／霸凌諮詢的網路平台／電子布告欄等。

教　養　小　祕　訣

發生災難時疏散演習的法則

發生緊急狀況（例如自然災害）的危急時刻，最受用的就是平日的準備及訓練了。有了事前準備，遇到災難時就能冷靜處理，有時一點點的知識或經驗，足以導致生與死的巨大差別。

育兒也有「緊急狀態」。

例如父母已經心力交瘁到陷入困境，甚至不覺得孩子可愛，想把所有事物都丟出門外，或是無法克制的暴怒等。

我認為這些情況跟自然災害一樣，可能發生在任何人身上（當然，連我也不例外）。

就跟防災一樣，平時的準備很重要。我希望無論以何種方式，都要盡可能避免讓自己和孩子處於孤立無援的狀態。因為即使是少少的準備，結果也可能大不相同。

Step 10 不要隨便對待自己

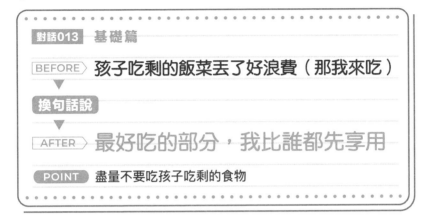

對話013 基礎篇

BEFORE 孩子吃剩的飯菜丟了好浪費（那我來吃）

▼

換句話說

▼

AFTER 最好吃的部分，我比誰都先享用

POINT 盡量不要吃孩子吃剩的食物

　　這句話對我自己也是一種警惕，孩子吃剩的食物雖然浪費，但父母還是不要去吃剩下的，請不要隨便對待自己！

　　尤其是當媽媽的人，食物最好吃的部分（例如剛煮好、熱騰騰的白飯偏中間表層），比任何人都有權利優先享用。

　　清理剩菜剩飯只會造就你下腹部的贅肉，而且對心靈完全沒有滋養的功用。雖然你可能會擔心家庭的財務狀況，但必須先照顧好自己才行！

　　就算都了解這些道理，我還是會不小心把孩子的剩菜剩飯吃下肚（也多虧如此，生了第一個孩子後，我就從M→ML→L很順利的「長大」）。為什麼家庭主婦的習性就是如此呢（笑）？

　　就算是一個人的午餐，你也應該偶爾吃一些溫暖又好吃的東西。我再強調一次，千萬不要隨便吃生蛋拌飯、鮭魚茶泡飯、清湯烏龍麵就草草了事！這真的很重要。

Q 可能是因為自己從小沒有受到父母悉心照顧，所以有時候無法對孩子表現出溫柔，也不知道如何以充滿愛的方式相處。

A 那麼，就像培育「小時候的自己」一般，跟孩子一起長大吧！

首先，請盡你所能的誇獎如今還好好活著的自己：「到現在為止，你一直都很努力。」沒有孩子會照著父母的理想長大，同樣的，孩子所期待的「理想父母」當然也不存在。更別說你是在一個非常不適合成長的環境裡長大，以至於在成為父母時，多少會在育兒上出現一些障礙。

我認為，如果沒有被好好照顧過的經驗，卻想要照顧好自己的下一代，還真的會有點不知所措。如果在生活中已經出現障礙，我強烈建議盡早尋求醫療機構或專家的幫助為佳。

即使狀況不是那麼嚴重，若是遇到以下情形，例如：親生父母實在太忙碌、感覺有點過度保護/過度干涉、紀律太嚴格，或是父母患有疾病或殘疾等，也會導致很難給予幼兒適當且充足的照顧（我也經歷過那種童年）。

所以，你是不是也曾經歷過，在自己可愛的孩子面前，突然間浮出封印已久的情感，而無意識的用了跟父母一樣的方式對待孩子，然後深陷自我厭惡的低落情緒呢？

這時，請對自己說：「那時很孤單，對吧？」「那時很痛苦吧？」「那時感覺很討厭，對嗎？」就像這樣，好好照顧那個「小時候的自己」的心情。接者離開孩子身邊，去一個可以獨處的地方（例如廁所），要哭或要生氣都可以。然後，在不勉強的範圍內，做一些孩子真的希望父母做的事。讓「小時候的自己」也跟著你的孩子一起成長，請用力擁抱，用相同的愛，一起愛著他吧。

建立愛與信任的對話法

這個章節是本書最重要的部分。如果你將親子關係的基礎，也就是基本的愛和信任建立好，那麼其餘大部分事情都有辦法解決。

將父母的愛傳達給孩子，是他人無法取代、不可剝奪，唯獨父母才做得到的事。就算父母只做到這個部分，我相信即使未來孩子面臨困難的情況，他們也一定可以克服，就算遭遇失敗，也會一次又一次重新站起來。

你的「我愛你」這一句話，是否有好好傳達給孩子，將對他們未來產生天差地遠的影響。這就是決勝的關鍵！

用最容易懂的方式表達愛

對話014 **基礎篇**

BEFORE 因為我們是親子，所以他應該會懂
▼
換句話說
▼
AFTER 我好愛你

POINT 就算是親子，有些事情不說出來，還是無法被了解

　　你有對自己的孩子說過「我愛你」嗎？或許有些人覺得「這不用說出來，也應該會懂吧！」日本人特別是這樣。我認為會將愛表達出來讓孩子知道的父母並不多。

　　如果還沒「向自己的孩子告白」，請拿出勇氣來吧！即使在親子之間，也有很多事情不說出來就無法被了解。生性比較敏感的孩子，會從大人的肢體動作或對話氛圍察覺出一些事。但是對於不擅長從人們的表情中讀取情緒的孩子，或是進入自己世界時，聽不到別人說話的孩子，你期待與他們用心來溝通，可能等不到孩子的回應，因為他永遠都不會注意到！

　　我們可以向善於談戀愛的義大利花心男學習，「我好愛你」、「○○寶貝，今天也超可愛」，就像每天的呼吸一樣，自然而然、細心且堅持不懈的表達，直到孩子真正理解為止！

除了言語，還有其他表達愛意的方式

雖說用言語來表達愛非常重要，但言語並非萬能（說再多的「我愛你、我愛你」，若只是停留在口頭，其實也是無法被信任的，對吧？）

若以肢體接觸為主，並且自覺到不僅僅靠語言，還能透過行動傳達愛，這樣做的話，每個孩子更容易獲得穩定的情緒，就結果來說，就是育兒會變得比較輕鬆喔！

在孩子長大之後，父母可以視狀況改變表達形式，持續自然自在的表達愛意，孩子的內心會變得更強壯。

【 言語以外可以表達愛意的範例 】

肢體接觸	• 抱 • 擁抱 • 背在背上 • 手牽手 • 拍拍頭 • 撫摸背部 • 陪睡 • 輕拍頭和肩膀 • 照料身邊大小事 • 受傷跟生病時的照顧 • 親子遊戲 • 搔癢遊戲 • 親子伸展運動、跟孩子一起練習運動 • 陪伴
表情肢體語言	• 微笑 • 平靜的注視 • 用手或手臂做出愛心形狀 • 張開雙手接納 • 保持距離守護 • 對孩子的話或行動點頭回應 • 手勢
畫 • 文字	• 為孩子們拍照並裝飾 • 用紙條或智慧手機傳送訊息、標誌或貼圖給孩子 • 寫信給孩子
食物	• 與孩子開心的用餐 • 準備孩子喜歡的零食 • 在便當裡放一些孩子喜歡的配菜 • 一起買東西或做菜 • 準備消夜 • 詢問外出用餐的建議地點
東西	• 小心對待孩子的重要物品（準備展示架、幫助維護、如果壞掉幫忙維修等）• 讓孩子自己選擇衣服和髮型、詢問孩子的意見 • 為孩子購買他們感興趣的物品或書籍

♥ 有兄弟姊妹的孩子更需要傳達愛

有些父母不習慣直接向孩子傳達愛，當然也有些孩子無法坦率接受父母的愛。

特別是有兄弟姊妹的孩子，即使父母都投入一樣的愛，孩子還是會想：「你們都只對嬰兒比較溫柔啦！」「每次都只有哥哥有而已，太狡猾了！」總是拿自己與其他兄弟姊妹做比較，覺得自己「分到的愛」比較少；或是明明就很愛媽媽，卻因為「在其他兄弟姊妹面前無法撒嬌」、「媽媽好像很辛苦，所以我不得不忍耐」，用這類想法來壓抑自己，這其中似乎有著相當複雜的情緒。

這樣的時候，父母就要像義大利花心男一樣，偷偷的躲起來又跑出來，安排只屬於兩個人的時間、分享只有兩個人知道的祕密等。像這樣，去熟練如何腳踏兩條船、三條船。舉例來說：

- 決定兩人祕密的暗號（告訴孩子「手握緊三次，是表示我好愛你的意思」等）。
- 偷偷在棉被或暖桌底下，牽著孩子的手。
- 躲在陰暗處跟孩子說：「不能跟其他人說喔！」然後偷偷把糖果放在孩子嘴裡。
- 把其他孩子交給爸爸，排出只有兩個人的約會時間。

你覺得如果這樣做感覺如何呢？從戀愛高手身上學來的招式，其實有很多可以運用到育兒上呢！

父母若覺得對孩子直接當面說出「我好愛你」這樣的話，實在太害羞、無法說出口，也可以使用間接表達的方式。

你可以透過孩子喜歡的玩偶、角色或寵物等來傳達愛的訊息，例如：「小狗狗說他好喜歡你喔！」

Q 我理智上知道「肢體接觸很重要」，但進展得不太順利，也想不到其他可以表現愛孩子的方式。

A 請在自己的能力範圍內，慢慢去做就好。

常有人說：「育兒就是透過肢體接觸來表達愛意」，但有些人可能會覺得：「我明白這一點，卻無法做得很好」，然後擔心被他人譴責。

　　或許每個人都有自己的背景及合理的理由，才導致有這樣的情況。我認為這不是你的錯喔！比方說，若孩子有觸覺敏感的問題，不管是抱他或照顧他，都很難透過肢體接觸來傳達對他的愛。

　　如果太強迫的話，反而會造成誤會，讓孩子認為父母就是「會做我討厭的事情」，所以不要太勉強才好。但如果一直保持現狀，不做任何改變，也可能會導致親子的情感連結出現更大的裂痕。

　　所以，可以從孩子不覺得反感的方式開始，以適合雙方的程度進行，逐漸擴大接觸範圍，使孩子習慣親密接觸，這樣就好。我也很推薦親子互動這類遊戲。

　　有些孩子不喜歡被人觸摸，你可以跟他說「你可以來玩媽媽的臉喔」之類的話，讓孩子自己在喜歡的時間與場所來接觸你，其實有不少用這種方式執行後，關係變得很順利的案例。

　　隨著孩子成長，敏感的狀況似乎會逐漸減輕，所以慢慢來不著急，保持耐心繼續嘗試。

　　然後，若自己的成長過程也沒有什麼肢體接觸的經驗，一定會有「我對於黏膩的親密行為會有排斥感」、「我想不出那麼多表達感情的方式」等的感受吧（其實就跟我一樣）。

　　不過，愛的表達方式，即使在長大成人之後也可以學習。所以你要做的是在放鬆時，按照自己的節奏，悠閒的向前邁進就好。

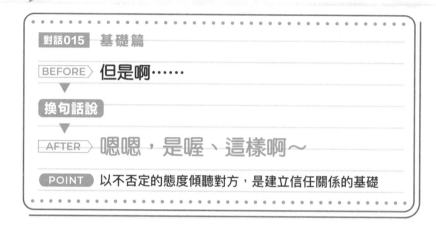

對話015 基礎篇

BEFORE 但是啊……

換句話說

AFTER 嗯嗯，是喔、這樣啊～

POINT 以不否定的態度傾聽對方，是建立信任關係的基礎

聽孩子說話時，只要在「自己能力範圍內」，就不要去否定，盡量聽完是最好的。

就算是身為大人的我們，有時候也只是希望對方能聆聽自己的心聲，但如果對方一直說：「但是啊……」，或用道理來打斷我們說話，這麼一來，可能就漸漸不會再向那個人傾訴了，對吧？

孩子也是一樣。其實父母只要給予肯定的回應，像是「嗯嗯」，或是微微點頭，不去否定，只要聽到最後，孩子就能感受到「這個人不會輕率的傷害我」、「即使有些事情我做不到，也能被接納」，進而逐漸產生安心感。

這就是親子建立信任的基礎。

若父母平常在家裡就營造出可以輕鬆談話的氣氛，那麼，縱使孩子發生了被人欺負等事件，也會更容易向大人說出口。

另外，我認為連不擅長聽別人講話的孩子，也會因此更懂得用言語來表達情緒，然後逐漸穩重，變得會去聆聽對方講話。

活用附和語，誰都可以成為「聆聽高手」！

令人驚訝的是，附和語也有很多變化。

一開始可能無法說出很多，但任何人都可以透過練習，成為「聆聽高手」。

另外，為了讓孩子感受到自己有被認真傾聽，傾聽的一方，不管是表情、眼神或肢體語言都很重要。當父母的表情、姿勢都表現得感同身受時，自然會流露出「我很認真在聽」的感覺（笑）。

[附和語運用範例]

感同身受	原來如此／我懂、我懂／是啊
表示有興趣	是這樣／真的是這樣嗎？／原來是這樣啊！
驚訝	喔～／哇～！／啊～！
重複對方的話	是喔，這意味著「……是○○」的意思對吧？／喔～「……是○○」的意思嗎？
鼓勵繼續說下去	所以呢？／然後呢？／例如？
推測孩子的想法	那很討厭對吧？／那不是很開心嗎？
配合肢體語言	一邊聆聽孩子講話，一邊輕輕點頭，有時可用力點頭回應，或進行眼神接觸（但不要一直盯著）。／一邊抱著孩子，或是把手放在孩子的肩膀、輕輕撫摸背部，聆聽孩子說話並附議。
跟孩子同步	聽孩子說話時，與他看相同的事物。／當孩子開心時一起笑，生氣時一起擺臭臉，痛苦時一起皺眉頭。

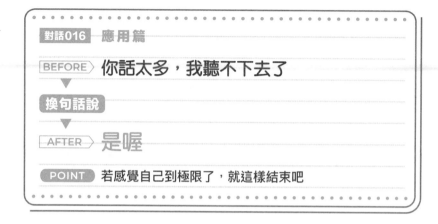

對話016 應用篇

BEFORE 你話太多，我聽不下去了

換句話說

AFTER 是喔

POINT 若感覺自己到極限了，就這樣結束吧

　　當父母沒有多餘心力時，便難有耐心慢慢聆聽孩子說話。尤其是說著喜歡的事而滔滔不絕的孩子，或是講話速度快到令人昏倒的孩子、不斷轉換話題的孩子，要耐心的聆聽他們說話，實在非常辛苦……（苦笑）。

　　當我感受到自己的極限時，最後的手段就是在話語的尾端加上「是喔，原來是○○這樣啊！」重述一遍，或說「是喔」、「我知道了」、「這樣子啊」，簡短回應後離開現場（孩子可能多少會有點不滿，但父母也不用勉強自己，「在自己的能力範圍內」就好）。

　　尤其是，當孩子處於強烈的不安或不滿狀態下，就算父母想好好聆聽孩子講話，也很有可能受到孩子的情緒波及，但其而變成「人類沙包」，精力也被消耗得疲憊不堪。

　　事實上，專業心理諮詢師即使聆聽許多人的嚴重問題，也能在隔天精神飽滿的上班，這似乎是因為「諮詢時間有明確的範圍」。

　　在難以做到這一點的家庭裡，可以運用「因為我要準備晚餐，所以我可以聽到○點喔」、「現在我只有十分鐘的時間」等，將時間劃分出來，避免讓自己過於疲累，是長期奮戰必要的措施（在某些情況下必須依靠專業）。

對話017　基礎篇

BEFORE　**不痛、不痛喔！**

換句話說

AFTER　**很痛吧！**

POINT　**不要否定孩子的感情和感覺**

　　當孩子跌倒時，許多父母為了讓孩子停止哭泣，會一直說：「不痛、不痛！」結果父母愈是這樣講，孩子哭得愈厲害，或許不少人有過這樣的經驗吧。

　　畢竟孩子就是覺得很痛，所以我認為同理孩子的感受，反而能讓孩子更快停止哭泣。向孩子表達「剛剛很痛吧」的同時，也傳達「危險已經結束」的訊息。

　　因為在任何情況下，孩子的情緒和感覺對他來說都是不可爭的事實，所以這部分就不要否定他，而是要與他同感，這是很重要的一件事。

　　當有人理解自己時，孩子會感到安心，情緒也比較容易穩定，並且可以更客觀的看待自己。

　　就像婚禮上一定會出現的演講內容：「若是兩個人，快樂會變成兩倍，悲傷會分成一半。」不管是開心的事、悲傷的事，或是沮喪的事，若父母一直在身旁陪伴與分享，相信孩子也能發展出豐富的同理心和情感。

BEFORE > **不該說那樣的話喔！**

▼

換句話說

▼

AFTER > **是喔，原來你討厭這樣**

POINT **負面的情緒也不要否定**

　　當父母不否定孩子、願意聆聽他們講話，孩子也會慢慢吐出一些心裡話，像是：「我真希望學校被炸掉就好了。」「那傢伙，我最討厭了。」

　　按照道德觀念，聽到這樣的話語，難免會覺得：「那是怎麼回事？」但我認為父母優先的順位是站在孩子那一方。

　　不管孩子展現多麼負面的情緒，父母可以回應「原來如此，你很討厭學校吧」、「原來你已經那麼討厭他了」之類的話，先接受孩子的情緒，孩子反而會神清氣爽，更積極面對未來。此外，我認為像這樣日常累積的對話，有助於早期發現孩子之間的霸凌問題。

　　這個時候，父母基本上只要回應「對，是的」，陪著孩子就好，千萬不要說學校、老師或朋友的壞話。

　　就像火上加油一般，負面情緒愈是煽動愈不開心，愈會只看見對方討厭的地方，然後變得無法往好的方向解決問題。

　　我認為在接受孩子的情緒後，等孩子心情平靜下來，再一起思考解決方案，會是很好的做法。

　　前文雖然說過，父母不要跟孩子說他人的壞話，但也有「例外」的情形。

　　那就是孩子遇到很不合理的對待時。

　　例如，當孩子受到霸凌、暴力、精神或身體上的騷擾、體罰或是過度糾正等情況時，只要父母判斷這是「無論如何都很過分」的事情，我認為跟孩子一起生氣、哭泣，是沒有關係的。

　　在被壓迫的環境下，孩子可能會因為恐懼等緣故，而壓抑自己的情感，無法將感受轉化為言語表達出來。

　　若能由父母或周遭的人代為表現，將孩子心中所累積「想說卻說不出口」的情緒流露出來，那會是幫助孩子心理修復的第一步。

　　事實上，我們家老大在遇到那樣的事情時，我可是連罵了好多電視禁用語，暴怒的程度，到了血管都快爆炸的地步，甚至還在孩子面前不甘心的大哭。但在那之後，孩子告訴我：「那時，媽媽替我生氣，我其實好開心。」

　　其實身旁只要有人陪伴，不管經歷有多麼令人痛苦，都可以克服很多事情。

Q 聽完孩子的話後,有點擔心孩子是不是被霸凌了?但同時也覺得「這好像是兒童間常見的事」。

A 面對霸凌事件的對策,就是把看不到的氛圍,變成看得見的狀態。

有 些孩子就算被霸凌了,也無法好好轉達給大人知道。因此,我認為父母平時除了以正面態度聆聽孩子說話以外,同時也要多觀察自己的孩子,若真發生了什麼事,父母便能直覺的察覺到「孩子的狀態很奇怪」。

其實霸凌就像雜草一樣,發現的時間愈早,它的根就愈淺,也就更容易將霸凌的芽給連根拔起。

若是遇到像受傷、東西被破壞等這種「看得見的霸凌」,校方比較容易察覺到,但對於「看不見的霸凌」,就有必要把它變成「看得見」的形式才行。

例如,被忽略、戲弄、嘲笑等,師長容易覺得「這是孩子之間很常見的事」、「這樣的小事自己以前也經歷過」。在這裡要關注的是「頻率/人數/時間長短」跟「孩子本人的承受度」。

以我家老大的譬喻為例:「如果拳頭或腳踢的傷害度是100,那麼被嘲笑或忽略的感覺,一次的傷害度大概是1或5。但如果被很多人這樣對待,或是持續很多天,總計來講,就跟被毆打是一樣的傷害度。」

所以,如果遇到在意的事,就算覺得常見,也要盡量在筆記或日記裡,記錄日期、時間、場所、對方的名字、人數、具體的行為或言詞。然後,累積這些「常見的事」,在孩子快到忍耐的極限前,把這些紀錄或事實交給學校幫忙處理,才更有說服力。

父母日常的關心留意,才是對付霸凌最好的辦法。

Step
14 表達你的感受

對話020 基礎篇

BEFORE **吼！你到底在幹嘛！**

換句話說

AFTER **媽媽不喜歡那樣子**

POINT 把主語變成「自己」，表達出感受

只要健康的活著，孩子自然會犯一些錯誤。

即使父母想要同理的聆聽孩子講話，但有時候就是會想要多說兩句或是碎碎念。關於「如何告訴孩子不行」在第4章中會再更詳細說明，這裡先介紹表達情緒的基本方法。

首先，把主語從孩子改成是「自己」（我是、媽媽是），也就是「我是這麼認為」的講法。

若是把主語變成對方，對方會有種「被責備」的感受，而想要反擊，同時也容易讓自己失去主導權。所以對自己的所想所感，應該把主語變成自己，習慣運用「我是這麼認為」的講法。

最重要的是，能誠實把自己的想法轉換成言語說出來。當然，如果我們能夠把美好的感受也都表達出來，像是：「媽媽好開心啊！」「爸爸也好開心。」讓孩子也能用言語表達自己的感受，那就再好不過了。

因為這會讓親子間的溝通變得更加輕鬆！

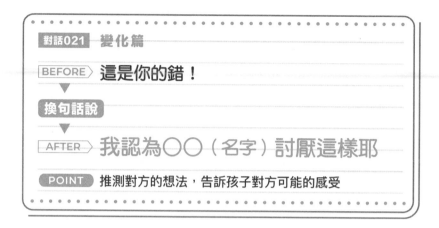

BEFORE 〉 **這是你的錯！**

換句話說

AFTER 　**我認為○○（名字）討厭這樣耶**

POINT 推測對方的想法，告訴孩子對方可能的感受

　　當孩子之間發生小爭執，父母察覺到「顯然是我的孩子做了一些多餘的事」，這時父母難免會感到丟臉，想唸孩子一頓。

　　但其實孩子對於自己和對方的界線是模糊的，特別是難以設想對方感受，或是難以注意到別人「與自己感受不一樣」的孩子，有時候他們就會毫無惡意的做出對方不喜歡的事情。

　　因此，父母需要想像（推測）一下對方的想法（雖然真正的心情只有本人才知道），並告訴孩子，像是：「那樣的事，○○（名字）應該也不喜歡喔！」「如果是媽媽的話會覺得開心，但○○（名字）或許就不太喜歡吧。」用這類的表達，把對方可能的想法具體說出來，讓孩子知道。

　　如此一來，孩子也會慢慢領悟到：「我喜歡的事，別人可能會討厭。」「有些人與我的感受不一樣」。

當親子間開始會用言語來表達彼此的感受後，也讓孩子學著推測父母的感受。

尤其對不擅長察覺他人感受的孩子，可以藉由這種對話方式，培養他們從對方的表情和態度，來推測對方的心情。

例如，當桌上十分散亂，完全沒有可以寫作業的位置時，媽媽可以故意把臉靠近桌子，然後用很誇張且困惑的表情說：「你猜猜，媽媽現在在想什麼呢？」用簡單易懂的方式引導，孩子就會慢慢學會推測對方的感受。

就算是不擅長察覺他人感受的孩子，透過這樣的反覆練習，我相信他們會漸漸學會、自然而然的去想像對方的心情。

讓孩子安心

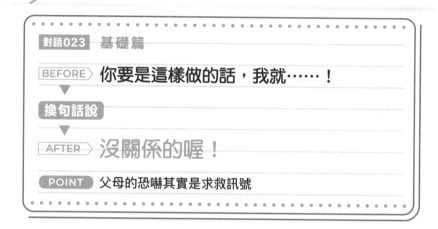

BEFORE　你要是這樣做的話，我就……！

換句話說

AFTER　沒關係的喔！

POINT　父母的恐嚇其實是求救訊號

　　我在買東西時，經常聽到父母這樣對孩子說：「如果你這樣做的話，我就不買玩具給你了！」「那就把你留在這裡，我自己先回去了！」這種恐嚇孩子的說法。其實，不只是孩子會感到不安，那位媽媽的內心也在哭喊著「SOS」。

　　其實父母會說出這樣的話，多半是因為想不到其他更好的方法，感到束手無策，不知道該怎麼辦，茫然不知所措。而且通常父母愈沒有耐心，孩子愈會在地上打滾、大哭大鬧（就我的經驗來講）！

　　像這種時候，我會先深呼吸，對孩子和自己說：「沒事了！」「沒關係的喔！」即使沒有任何根據也沒關係，讓自己跟孩子一起安心，並且冷靜下來。

　　我相信只要親子雙方都能冷靜下來，父母會更容易想到其他說法，來面對眼前的孩子。

失去耐心了……是時候好好檢視自己的生活！

　　如果父母明知「這是不好的」，卻還是經常不小心做了讓孩子不安的事，要不要試著全盤檢視一下自己的生活呢？

　　當孩子頻繁的大哭大鬧，父母可盡量增加親子對話與肢體接觸，讓孩子安心，才是解決問題的最佳途徑。但在此之前，父母需要先騰出空間與時間給自己。

☐ 你的飲食和睡眠足夠嗎？

☐ 你有給自己留下一點喘息或休息時間嗎？

☐ 你的伴侶知道你目前的狀況嗎？

☐ 除了孩子之外，你有其他可以說話的對象嗎？

☐ 你有時間專注在育兒以外的事情嗎？

☐ 你的工作或其他雜事是自己可以承擔的工作量？

☐ 你有托嬰或臨時托嬰的地方嗎？

☐ 你照顧一個或兩個以上的孩子，都沒有困難嗎？

　　若父母在確認以上問題後，覺得自己能做到的事很少，那我認為，遇到孩子大吵大鬧，會失去耐心是理所當然的。

　　如果父母只能透過威脅使孩子服從，那就像是在一個治安不良的國家，在巷弄裡突然裡有人把槍頂在你背後說：「舉起雙手，乖乖聽話！」這類情況都有相當大的心理壓力，不是嗎？

　　這時候，就算是暫時也好，將工作量減少，可以拒絕的事情就拒絕，可以拜託他人的事情就拜託。我們必須在生活中「實質上」做出改善，否則沒有辦法解決問題。

　　當感到疲憊不堪時，需要將注意力轉向實際可以改善的事情，而不是責怪自己或孩子。

CHAPTER
1
建立愛與信任的對話法

65

令孩子安心的對話方式

〔 讓孩子安心的對話範例 〕

聆聽不安的感受	怎麼了？／還好嗎？／有什麼在意的事情（擔心的事）嗎？
等待	慢慢來沒關係／我會等你的
守護	我在這裡喔！／我在這裡看著你
認同	這很好／ OK ／這不錯嘛！
成為內心的安全基地	小心出門／隨時歡迎回來／（拍拍自己的膝上）這裡空著喔／歡迎回家

　　無論孩子是處在情緒不穩定的時期，或是本身比較容易焦慮或衝動，父母都可以多嘗試上表的範例，建立孩子的安全感。

　　隨著孩子不安的情緒漸漸減少，恐慌、發脾氣的狀況也會減輕，也就變得更容易冷靜下來。

　　另外，若父母能事前掌握到讓孩子冷靜下來的事物或場所，不僅可在他們焦慮時提供幫助，也能在發生災害等情況下派上用場。

　　舉例來說，我的孩子接觸到自己喜歡的玩偶、觸摸起來很舒服的毛巾、愛犬腳底的肉球、媽媽肥肥軟軟的蝴蝶袖，或是爸爸累積陳年老人味的枕頭之類的物品，就會說：「嗯，好安心！」（笑）。

　　為了給孩子帶來安心感，父母的心理、身體都需要保持輕鬆自在，並且一直維持穩定，才是接近「理想的」狀態。

　　但是，實際上才不會這麼順利呢！。唉～每天要做的事情這麼多，其實我也做不到！（笑）

　　儘管如此，讓自己養成一個習慣，像是：「我現在好像很累了。」「我好像開始有點焦慮了……」開始有意識的關注自己的情緒和狀態也是很重要的事。「沒問題的！遇到這種時刻，我這樣做就好了。」只要在腦中的一個小角落想起這一點，有時候結果會變得完全不一樣。

對話024 　**基礎篇**

BEFORE ▶ **不會下雨啦，沒問題、沒問題！**
▼
換句話說
▼
AFTER ▶ **今天降雨機率只有30%，但如果真的下雨，我們可以借用愛心傘**

POINT 　**對於無法預測的事情，讓孩子提前了解可能性及應對辦法**

　　這是一個「讓孩子有安全感」的成長方式。對於人生經驗還很少的孩子來說，要想像未來會發生的事情，似乎並不容易。

　　特別是有些孩子會對無法預測的事強烈不安，有些則不擅長處理自己「不熟悉的狀況」，如果發生「突然下雨」這種出乎預料的事，會造成他們情緒恐慌，並且感受到強烈壓力。

　　在這種狀況下，與其樂觀鼓勵孩子說：「沒問題，放心！」不如提前仔細說明「接下來會發生什麼事」與「可能會發生的事」，然後告知具體的對應辦法，讓孩子做好「心理準備」，明白「如果遇到那件事，只要那樣做就好了」，一旦孩子有了安全感，就比較容易避開恐慌的情緒。

　　但由於父母也無法預測所有可能性，所以有機會也要讓孩子理解「計畫可能會改變」、「有時事情不會照預期走」，然後進一步告訴他，遇到麻煩時要跟誰求救。例如「沒有愛心傘時，可以跟老師借」。若能如此，相信父母也會比較安心。

生活作息規律化及行程表／行動計畫

　　若孩子不喜歡生活「與平常不同」，父母可以盡可能將每天的作息規律化，這樣就更容易保持孩子身心的穩定。

　　另外，如果碰到旅行或學校活動等「與平常不同」的事情，可以事前對孩子好好說明，並且製作適合他的行程表和行動計畫，相信能大幅舒緩孩子的焦慮情緒。

〔讓孩子安心的小技巧〕

作息規律化	<ul><li>手機設定鬧鐘，讓孩子知道上學時間。</li><li>善用洗衣機、電鍋等家電用品的定時裝置。</li><li>家人每天在同一時間出門上班。</li></ul>
製作行程表和行動計畫	<ul><li>在家族旅行時，將每日行程、地圖和飯店照片列印出來，準備一份「旅行指南」給孩子。</li><li>在運動會的節目表上，替孩子寫上準備流程、可以去廁所的時間、午餐碰面的地點等訊息。</li></ul>

資深小兒科醫生打疫苗的技巧

　　我孩子常去看的小兒科醫生在施打疫苗時，若有孩子害怕的說：「打針好可怕！」他都會稍微捏一下孩子的手背說：「打針一定會有點痛，但應該差不多就這樣而已！」讓孩子直接體驗，而且在施打前也會預先告知：「會有點刺刺的哦！」然後就以迅雷不及掩耳的驚人速度完成注射。

　　最後他還會準備小點心獎勵孩子，並且說：「你做得很好喔！」因為這樣，孩子們現在已能夠面對（不情願的）打針。

　　人生一定會有些無法避開的考驗，例如挫折和失落，但若能做好心理準備和事後維護，或許會稍微刺痛，但一下就過去了。

善於觀察

如果每天過得匆忙，會不會沒時間去注意孩子的成長呢？其實我在老二出生後、老大還會哭鬧的那段時間，因為過得太辛苦，所以完全沒餘力注意孩子的成長。

但無論怎麼後悔，我再也遇不到那時期的孩子了，因此別無選擇，只能好好關注孩子的「現在」。

而且透過仔細觀察孩子，你也能得到許多育兒的啟示（在我家就跟山一樣多）。

想提高觀察力，關鍵在於多多關注孩子的行為。例如「某些行為多半是吵架的引爆點」或「通常做了某些行動就能和好」等。

即使每天都很忙碌，但每當發現孩子的一些「好消息」時，就把自己觀察到的告訴他，像是說：「嗯？你好像長高了耶！」這樣做其實就等於是告訴孩子：「我都有留心在看著你喔！」（參考Step27，p.99）。

對話026 應用篇

BEFORE 嗯？沒想到孩子突然……

換句話說

AFTER 最近好像沒什麼精神，怎麼了嗎？

POINT 在「平時」多看、多聽、多接觸孩子

　　如果父母有注意到孩子的一些小變化，某種程度能預防孩子被霸凌、捲入麻煩和罹患精神疾病等狀況。為此，我們在平日「正常運作」時的觀察，就顯得很重要。

　　父母平時有意識注意孩子「總是」、「日常」是什麼樣子，才會發現他「好像跟平時不同」的狀況（參考Step91，p.292）。

　　平時父母在自己的能力範圍內，多看、多聽、多接觸、多跟孩子交談，這樣在孩子好像有什麼事的時候，才能馬上有所警覺。

「受歡迎的男生都很貼心」法則

　　我覺得擅長戀愛跟育兒的人，好像都有些相似處。很受歡迎的人，一定認真研究過傳達愛意的方式吧！

　　他們常會發現對方小小的變化，並且每次都貼心回應：「嗯？你今天的髮型不一樣耶！」也會將對方的喜好、興趣和紀念日記錄下來。

　　如果有人如此仔細的關注自己，大部分人應該都會感到開心，對吧？（當然，跟蹤狂除外！）

　　育兒也是一樣，訣竅在於精心、仔細的傳達愛意。

Q 孩子早上說：「我不想去學校。」我也感覺他跟平常不太一樣。這樣可以讓他休息一天嗎？

A 請依照「父母的直覺」做整體評估，讓孩子休息也是一種選擇。

孩子「不想去學校」的情況很多種，包含只是有點懶、想在家打電玩的偷懶狀態，以及已經非常痛苦、甚至想死的狀態。

所以，「不管發生什麼事都要去上學」或「馬上休息」並非一律適用於所有狀況，而要針對孩子的狀態加以判斷再下結論。

這時最有幫助的就是「父母的直覺」，因為這種直覺並非毫無根據，而是從平日的觀察和經驗得出的「大數據綜合整體判斷」。

如果父母直覺感受到孩子「好像跟平常有些不一樣」，那先讓他休息也沒問題。因為孩子性格特質各不相同，有些孩子明明超過極限卻什麼也不說，有些孩子則開朗笑著說：「我沒事。」所以有時需要大人協助暫停一下。

接下來要怎麼做呢？不妨等先讓孩子在家安心休息，等他恢復到「平常的狀態」後，親子再一起討論處理方式。

此時，孩子可能稍微休息就恢復正常，隔天照常去上學；也可能難以恢復，需要一段較長的休息時間。無論如何，父母千萬不要焦急，只需靜心等待。

最起碼要確保孩子的身體安全，只有在孩子的身心都有一定程度的健康時，才能知道他們是想在目前的學校繼續就讀，還是希望有其他選擇。在不知道孩子真正的心意之前，我們很難對未來做出適當的判斷。

不過，若平時父母就對孩子多看、多聽、多接觸、多談話，並且能讓他感到安心，那就一定沒問題。

BEFORE> **請這樣做！**

▼

換句話說

▼

AFTER> 我想要這樣做，可以嗎？

POINT 即使你認為這是「為孩子好」，也不要強迫孩子

　　在和孩子建立起牢固的情感關係時，親子之間會感受到一種「凝聚力」。

　　這種「凝聚力」雖是我們繼續照顧孩子的重要動力，但如果父母做得太多，甚至將孩子視為自己的一部分時，就變成所謂的「過度保護」、「過度干涉」，對孩子的任何事都想管理或強迫，甚至連孩子的想法和行為都想控制（這些我都曾經歷過）。

　　因此，父母在重視情感關係的同時，也要尊重孩子的意願，並適度調整自我，練習放手。一旦父母覺得這樣做是「為孩子好」，自然就會想讓孩子做很多不同的事。

　　這時請對孩子詳細說明，並且確認他的想法，比如說：「我想這樣做，你覺得可以嗎？」得到孩子的認同、理解之後，再繼續往下一步前進。

　　無論事情多麼美好，如果孩子沒有意願，其實很難有積極的行動。所以，父母要做的第一件事就是「確認孩子的想法」。

育兒就像一場「拔河比賽」，在拉扯中逐漸邁
向獨立

　　要是過度溺愛孩子，就會被指責為「過度保護」，如果放任不管，又會被指責為「漠不關心」。有些人可能因此煩惱著：「到底該怎麼辦才好呢？」

　　我認為父母不要極端走向「過度保護／過度干涉」或「擱置不理／漠不關心」，而應該在「適度保護與干涉」和「自由放任並關心」之間的範圍內，和孩子進行拔河比賽，反覆煩惱並互相交替，對孩子的成長而言，這種參與方式恰到好處。

　　如果覺得好像哪一邊「拉得太過」時，就將繩子放鬆一些再重新握好，稍微調整一下自己的力度即可。

　　由於孩子常在「想撒嬌的不安感」和「想獨自挑戰的好奇心」之間擺盪，所以父母在孩子想撒嬌時就讓他依賴，當他想挑戰時就放手並在旁守護。如此，孩子就可以按自己的步調逐漸成長，邁向獨立的自己。

　　然而，本來就有強烈不安感或好奇心的孩子，往往會偏向那一面，因此父母平日裡也必須磨練平衡感（請參考第5章與結語章）。

BEFORE 你的房間，我幫你掃完了喔！

換句話說

AFTER 我來幫你打掃房間，可以嗎？

POINT 即使是父母不得不做的事，就算只是多問一句，對孩子來說則完全不同

大部分孩子隨著成長，會逐漸意識到自己的領土範圍（不過也有些孩子並不在乎）。

特別是孩子進入青春期後，會很討厭父母擅自進到自己的房間。例如他們去學校上學時，即使父母出於好意幫忙整理了房間，孩子卻對此火冒三丈。嗯，父母們不妨試著回想青春期的自己，應該不少人有過一樣的經驗吧。

即使如此，要是孩子的房間實在太慘不忍睹，讓父母感受到危機，擔心如果再放任下去，蟑螂就要跑出來了，這種情況當然非強制執行不可。

這時，就像警察要先出示搜索票才進民宅搜查一樣，父母要先告知孩子：「我要整理了喔，可以吧？」事前預告再繼續動作，才是更好的做法（我想，如果孩子討厭這樣，應該就會自己動手清理了）。

其實這不限於整理打掃，如果父母不得不擅自先幫孩子做點什麼事，都可以事先告知，只要有說：「我要這樣做喔，可以吧？」孩子認為不合理或排斥的感受，都會與事後告知的反應截然不同。

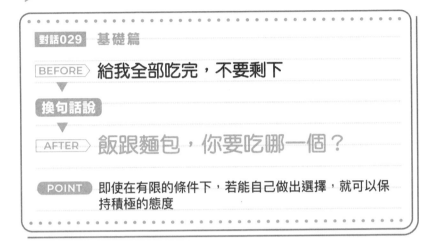

尊重孩子想法後，下個步驟就是「讓孩子從選項中選擇」。

例如想改善孩子偏食的習慣，如果「為孩子好」就強制他們東西全都要吃完，反而會造成自己多餘的壓力，並且變得更固執。

當然，不浪費食物是重要的價值觀，但用餐本身若變成一種苦行，那就得不償失了。如果讓「吃飯＝開心的時間」，你每天的幸福感受會增加不少。

這種時候，建議父母盡可能「讓孩子從選項中做選擇」，選出幾個現實能做到的選項，提供給孩子做選擇。而孩子發現父母在用餐時採納了自己的想法，也會感到很開心。

另外，面對沒有選項的情況，例如在盛飯時問孩子：「你要吃多少飯呢？」這種問題，將飯量調整成孩子需要的量也行得通。

其實不只是用餐，無論孩子或大人，如果任何事都是由自己做出選擇，在心情上也會變得相對積極。

設法改善孩子偏食的情況

　　話雖如此，身為父母一定會擔心孩子的偏食情況。由於孩子偏食狀況愈來愈嚴重，連學校的營養午餐也面臨愈來愈大的挑戰。

　　總之，只要孩子有吃三餐，足以提供一天活動與成長所需的能量就好，不用把事情想得太複雜。

　　若是因味覺、觸覺（口感）、嗅覺等過敏因素而導致偏食的情況，過敏症狀似乎會隨著成長而慢慢改善。

　　在日常生活中，我們都希望孩子或多或少改善一些飲食習慣，而關鍵在於保持耐心，讓孩子習慣那些食材的味道、氣味和外觀，從而對那種食物感到安心與安全。例如我就透過一些方法，讓孩子漸漸覺得某些食材與食物「沒有問題」。

- 把菜裝在大淺盤上，讓孩子可以避開不喜歡的食物，拿走自己喜歡的食物。
- 與孩子一起做簡單的料理，讓他們習慣食材。
- 在外用餐時，可以去美食廣場或吃到飽這種容易做選擇的餐廳。
- 使用火鍋或電烤盤，讓家人一起開心用餐。

把控制權放在自己身上的「家長會定律」

　　雖然說家長會存在一些問題，像是低效率且無支薪之類的瑣事，但我認為最有問題的是：孩子開學的同時，不論父母同意與否，就直接被強制入會，然後還有「每個人一定要當一次負責人」這種規定，或是如果抽籤選為負責人，「不管你有什麼理由、有什麼事，都一定要參加」，完全沒有選擇的餘地（我相信現在應該有點不一樣了）。

　　無論是多麼「為孩子好」，如果有被強迫的感覺，很多家長一定會很心不甘情不願。

　　因此我對自己的戒律就是，當我想強迫孩子做什麼事情時，就會馬上想起家長會的狀況（笑）。

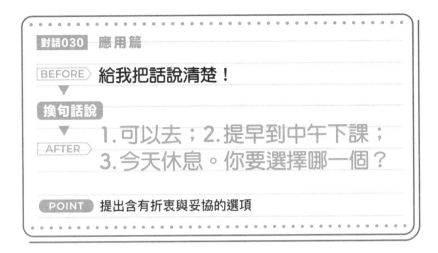

對話030　應用篇

BEFORE　**給我把話說清楚！**

換句話說

AFTER　**1.可以去；2.提早到中午下課；3.今天休息。你要選擇哪一個？**

POINT　提出含有折衷與妥協的選項

　　就算父母很想尊重孩子的想法，但有時孩子因為語言表達能力還不成熟，無法好好述說自己的想法。

　　另外，如果是個性溫和、不擅長表達自我的孩子，或許會因為在意很多人的感受，以致有時態度不太清楚。

　　對於這樣的孩子，若家長一開始就先幫忙準備好幾個選項，那他就會更容易表達自己的想法。

　　重點是，不要只有「0或100」、「非黑即白」這種極端的二選一，而且面對孩子所選的結果，父母事後也別多說什麼。例如孩子早上遲遲沒做好上學的準備，但也沒有大哭大鬧說不想去上學，我家有時也會碰到這種態度不清不楚的情況。

　　這時父母不要提出只有「去」或「不去」這種二選一，而是提出一些實際能做到的「折衷」或「妥協」選項，讓孩子在多數選項中做出自己的決定，這才是最好的對應辦法。

　　當然，我們也不是一定要孩子從這些選項做出決定，而是給他一個思考的機會，能讓更容易找到自己要的答案，像是：「我肚子有點痛，所以體育課如果可以只在旁邊看，就沒有問題。」

對話031 基礎篇

BEFORE〉**不要抱怨了！**
▼
換句話說
▼
AFTER〉**這個星期日，有沒有想要去哪裡？**

POINT **聆聽孩子的意見，共同討論並互相商量**

　　從「確認想法」、「提供選擇」，到最後的「採納意見」，也就是說，親子是透過互相討論來決定事情。關於這點，可以從小事情開始練習。

　　首先，父母可以詢問孩子：「有沒有想去哪裡？」「有沒有想吃什麼？」等問題，先聽聽孩子自由的想法。

　　孩子的回答可能會不太實際，例如「想去夏威夷」、「要吃不迴轉的壽司」等，父母當然會覺得「不能總是順著孩子的期望！」但這其實無傷大雅。

　　這時，父母只要提出替代方案，像是說：「如果是這個，你覺得如何？」孩子也可以提出：「那這個呢？」經過這樣的反覆討論，最後可能會達成共識：「那就去超級溫泉吧！」「那我們外帶壽司回家吃吧！」這種妥協選項，關鍵是雙方要進行充分的討論，找到一個彼此都能接受的解決方案。

　　當孩子的意見在某種程度上被父母接納後，他會漸漸意識到，自己也是家庭的一份子，往後對家中的事也會比較積極參與。

對話032　應用篇

BEFORE　如果你不喜歡，一開始說清楚不就好了！

換句話說

AFTER　你真正想要的是什麼呢？

POINT　即使是事後也好，要記得照顧孩子的情緒

　　就算父母想尊重孩子的意見，但內向保守的孩子常會有一種情況，就是在大家要決定事情時，他不會說什麼，結果等到事情定案後，他卻一直拖拖拉拉或抱怨，表現出不積極的態度。

　　舉例來說，全家人決定一起出門去參加活動，結果在到達目的地時，孩子突然說自己很累；在街頭用餐時又說了「不好吃」之類的抱怨，父母當然會有點想生氣，並且覺得：「如果你不喜歡，應該一開始就說清楚。」

　　事實上，這種孩子是因為「太會察言觀色」，過度顧慮他人，所以有壓抑自己感受的傾向，但有時也因此感到不滿。

　　許多家庭或團體之所以能正常運作，都是因為有這種會迎合大家、選擇忍耐的孩子。但如果孩子只是一再壓抑自己，可能會導致往後遇到更大的麻煩，或是造成身心不協調的問題（就跟我們家的老二一樣）。

　　對於這樣的孩子，即使是事後也好，父母不妨耐心詢問：「你真正想要的是什麼呢？」然後對他「為了大家都能開心而忍耐」的心情表達理解與感謝，並且向孩子提議：「下週換成去你喜歡的地方吧！」以此照顧孩子的情緒。

Q 我家孩子雖被診斷為發展障礙，但因為症狀還算輕微，所以很煩惱小學要選特教班還是普通班。

A 與孩子本人一同造訪學校加以確認，然後尊重孩子的想法。

對於已經有發展障礙診斷書的孩子，可依據他本身狀況、所處環境及家庭方針這幾點，來考慮是否進入特教班。

目前日本特教班的學生上限是8名，在人數少的環境下，可以期待孩子受到較好的照顧，有些孩子是「人愈少愈能保持冷靜」、「按照自己的步調就能學起來」。但這只是一般的論調，若不直接去學校的「特教班」確認，就無法知道更多詳情。

坦白說，由於學校本身、所在縣市與地區的不同，特教班的情況也大不相同。依環境而定，似乎也有學校無法提供足夠的支援體制和人力資源，或是難以根據個別理解度協助學習、提供指導。

因此，不管是開學前或開學後，若是考慮讓孩子上特教班，應該先跟孩子一起去參觀，讓他實際體驗看看，等仔細聽過說明後再好好考慮，這樣會更為恰當。

記得要用孩子懂的語言，向他說明並分析特教班與普通班的優缺點。為了盡量尊重孩子的意願，親子間充分的討論至關重要。只要孩子自己可以接受，那之後也會很容易適應。

另外，其實也可以一邊就讀普通班，一邊接受資源班或巡迴輔導教師的輔助支援。或者是先就讀特教班，但同時也去普通班上課，透過活用交換課程，等孩子慢慢習慣之後，再轉到普通班。其實不必在要選特教班或普通班之間鑽牛角尖，靈活做選擇或許才是最好的方式，不是嗎？

向孩子道歉

對話033　基礎篇

BEFORE　**我不管了！隨你便！**

換句話說

AFTER　對不起，媽媽說的太過分了

POINT　即使是自己的孩子，若父母做錯了也要誠實道歉

　　父母也是人，有時候情緒來不及煞車，用詞可能會有點失控，或不小心說得太過分。這難免令人感到喪氣，覺得平日累積起來的親子關係、愛與信任就這樣一瞬間被摧毀。

　　遇到這種時候，事後再說「對不起」也是沒關係的，只要能誠實的向孩子道歉，就算是「做得不錯」了吧？

　　或許不是只要道歉就好，但至少比什麼都不做來得好。

　　「對不起，我有點說得太過分了。」「有稍微更好的講法才對。」「我誤會了，對不起。」

　　即使是父母，也會有做錯或失敗的時候，因此承認自己的錯誤，修正軌道就好。而且，練習向孩子道歉，也會讓自己變得容易向他人低頭。對於育兒這事，「沒有用的自尊心」完全沒有好處。

　　再者，讓孩子在生活中看到「道歉的範例」，從中學習。那麼當孩子和朋友吵架時，也能坦率的跟朋友和好。

話雖如此，但父母也會有無法老實道歉的時候。相對的，孩子也會有「沒收到道歉，就無法開心」的時候。

這時，不如等大家的情緒都穩定下來，再處理會更好。但是在過程中，還是可以對孩子表達出善意的舉動，讓彼此更快和好（夫妻吵架後，也可以應用這些方法）。

跟孩子和好的小技巧

- 默默輕拍孩子的頭、不經意的坐孩子旁邊。
- 把膝上的空間空出來，歡迎孩子隨時過來。
- 準備孩子喜歡的點心、晚餐加入孩子喜歡的食物。
- 跟孩子一起活動，例如：看電視、看漫畫等。
- 在孩子玩的時候，對孩子說：「在做什麼呢？」自然的加入孩子的遊戲。
- 在孩子面前做一些有趣的事，引誘他加入，例如：新奇的事、沒看過的事、很漂亮的東西等。
- 在孩子煩惱時，像英雄一樣突然出現，伸出援手。

祕訣就是慢慢增加小小的互動，讓孩子可以不經意的展現笑容。孩子只要笑了，就是和好的象徵。

Q 到目前為止,都一直對孩子發脾氣,沒有好好把愛告訴孩子,現在好後悔。

A 對於修復親子關係來說,沒有「太晚了」這件事。

請放心,因為我也是這樣(笑)。但就像沒有孩子能一開始就熟練的騎自行車,父母也一樣,從孩子誕生的那一天起,沒人能在育兒過程中不經歷摔倒的經驗!很少父母能持續維持良好的平衡直線前進。

雖然有時候會跌倒、會走錯路,也會迷路,但到目前為止都走過來了,就這點來說,是不是該好好稱讚一下自己呢?

只是,隨著時間過去,或許有時候,先前親子間相處摔倒的舊傷仍會疼痛,曾經迷路的不安,讓親子關係有點不穩定。但是,對於修復親子關係來說,不存在「太晚了」這件事。

不管到幾歲,要花多少時間都沒關係,孩子會好好的等著你。

行文至此,我突然想起一個回憶。我在小學時曾有段不想去學校的時期,那時我媽媽跟我道歉說:「對不起,是媽媽不好。」由於媽媽的工作很忙,所以我們親子間的互動不足,但她又是當時很常見的「教育型媽媽」,所以對我有過多的期待。經歷這件事之後,媽媽似乎有些反省了。

我把這件事跟那時還是男友的丈夫說了之後,他對我說:「能夠對這麼小的孩子道歉,我認為是非常需要勇氣的,你媽媽真的好了不起!」

這個回憶,在我媽媽過世之後,也一直留在我的心中支持著我。誰都無法成為完美的父母,都會有做錯的時候。若發現自己做錯了,就道歉,整頓好,再出發就好。

彌補過去

BEFORE ▸ 孩子還小的時候，我沒有多餘心力好好照顧他

▼
換句話說
▼

AFTER ▸ 嗯，你啊，小時候真是個調皮又可愛的孩子呢！

POINT 為了彌補過去，「現在」有很多可以做的事情

無法回到過去，但可以改變看待過去的態度。

例如，在父母還沒有掌握好親子合適的相處方式時，就容易每天生氣、責罵孩子。光是處理自己和孩子的事情，就已經忙得無暇顧及其他，導致孩子感到孤單和難過。現在回想起來，或許不免感到後悔（我也是）。

但是，沒問題的。「現在」可以做的事情，其實有很多。

無論孩子是否記得那段父母身心忙碌的時期，其實在孩子長大之後，父母仍然可以把那時沒有充分傳達給孩子的愛，透過珍貴的回憶來告訴孩子。

父母對孩子的愛有多少，並不一定與他們的表達能力成正比。孩子能否感受到父母對他們的愛，取決於父母是否能用孩子容易理解的方式，來表達這份愛。

不過，即使過去有些時候無法很好的表達愛，現在的我們還是可以透過給予更多的愛，來彌補過去的不足。

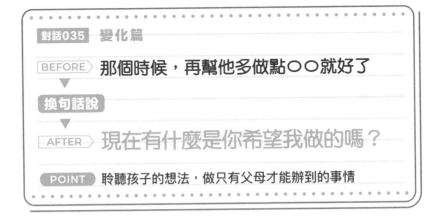

對話035　變化篇

BEFORE〉那個時候，再幫他多做點○○就好了

換句話說

AFTER　現在有什麼是你希望我做的嗎？

POINT　聆聽孩子的想法，做只有父母才能辦到的事情

　　或許在育兒過程中，我們總是會不斷湧現出「要是能多做一些○○就好了」之類的後悔。

　　有些人覺得，「我應該要在他小時候幫他建立起絕對音感或英文能力」、「每天晚上都唸書給他聽就好了」，但其實在父母後悔的事項中，對孩子成長真正必要的事情，真的沒那麼多。

　　因為孩子真正渴求的事情，只有孩子自己知道。所以，父母只要仔細的聆聽孩子的想法和希望，然後盡量在自己的能力範圍內去執行便可。

　　身為父母，我們無法滿足孩子所有願望，但也有很多唯獨父母才能做到的事情。

　　如果孩子跟你要「抱抱」，哪怕孩子已經大到無法用雙手抱起，你也可以坐在沙發，讓孩子坐在你的膝蓋上，直到他滿意為止。這樣做，不是很好嗎？

　　孩子真的想要的東西，即使是在事後，當我們意識到時，就應該給予他們直到滿足為止。透過這樣做，我們能修補孩子心中存在的小小空洞，並且促進未來成長的穩定。

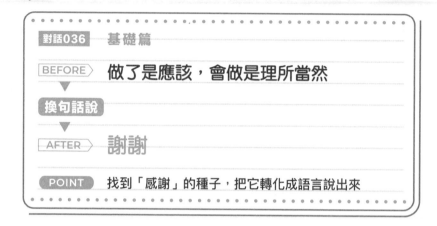

BEFORE　做了是應該，會做是理所當然

換句話說

AFTER　謝謝

POINT　找到「感謝」的種子，把它轉化成語言說出來

　　即使是一點小事，也要培養常說「謝謝」的習慣，雖然這不是什麼大不了的事，但它可以改變人生。

　　日常生活中有很多「感謝」的種子，散落四處。

　　雖然說每天一忙碌就很難注意得到，但若稍微暫停一下，並仔細觀察，應該很容易就會發現。

　　尋找「感謝」種子這件事情，其實就是將想法導向正向思考的一個重要過程。

　　尤其是像每日的習慣，或是小小的忍耐，這種看似「做了應該，會做是理所當然」的事情當中，其實充滿了很多「感謝」的種子。但是，若注意到它之後，卻沒有說出來，它是不會發芽的。

　　然後，如果你連小事也都常把「謝謝」掛在嘴邊，我相信漸漸的，不管是孩子還是丈夫（太太）也會受到你的影響，變得比較容易將「謝謝」說出口。

　　剛開始或許有些害羞，但就當做自己被騙一樣，要不要嘗試看看呢？

💗 尋找「謝謝」的種子

以下幾項要點，在日常的育兒生活裡，大多容易被認為是「做了應該，會做是理所當然」。尋找看看，或許「感謝」的種子就掉落在那裡。

CHAPTER
1
建立愛與信任的對話法

☐ **就算只有一點點，但孩子已經忍耐了他不喜歡的事並配合大家**
例如：不喜歡等待的孩子在排隊；不喜歡坐著的孩子，吃飯時坐在位子上；很活潑好動的孩子，在外出時願意牽著手等。

☐ **就算只有一點點，但孩子願意妥協與讓步**
例如：孩子讓其他家人看他們想看的電視節目；雖然行程改變，孩子還是一起行動；會說「對不起」等。

☐ **就算只有一點點，但孩子做了為家人或其他人著想的事情**
例如：孩子幫忙做一點家事；自己擦掉廁所不乾淨的地方；關心家人的心情和身體健康等。

☐ **就算只有一點點，但孩子能夠原諒家人做不好或失敗的事**
例如：等待兄弟姊妹做準備；當對方道歉了選擇原諒；一起整理善後等。

☐ **一瞬間微小的幫忙**
例如：幫忙拿醬油、拿行李、幫忙開門、關門；幫忙把垃圾丟到垃圾桶；幫忙將使用完的東西放回原位；幫忙收走吃完的餐盤；為了家人稍微把座位空出一點等。

也就是說，當孩子用言語或態度表現出對家的協助，即便只有一點點，就是表達「感謝」的時候。

如果你已經可以很輕鬆的向孩子說出感謝的話，接下來就可以把主角換成另一半，「就算丈夫（太太）只做了一點點，……」來挑戰看看也很不錯。

熟悉了尋找「感謝」的種子，你的人生一定會變得更豐富。

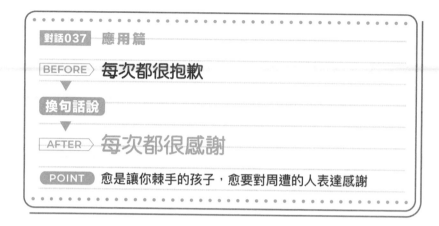

BEFORE 每次都很抱歉

換句話說

AFTER 每次都很感謝

POINT 愈是讓你棘手的孩子，愈要對周遭的人表達感謝

　　在我的經驗裡，若孩子很難帶，父母很容易對周遭的人感到不好意思，也容易感到丟臉吧！

　　儘管如此，請有意識的讓自己的「謝謝」，比「不好意思」多一些。

　　無論是對學校的老師、媽媽朋友、上學路途中的導護老師，或是經常光顧店面的店員，平時就盡量表達自己的感謝，例如對他們說：「一直都很感謝你。」「前幾天謝謝你的照顧。」

　　寫孩子的聯絡簿也是如此，每次都寫下一些固定的感謝文給班導，像是「很感謝您一直以來的照顧」，也是很好的做法。

　　我認為只要父母不斷表達感謝之意，周遭的氛圍也會慢慢改變，旁人不再認為孩子是「問題兒童」，而是會用溫暖的眼神，慷慨的守護著我們。

　　然後，孩子也會有樣學樣，模仿父母，自然而然的學會說「謝謝」。即使比其他人多了一些缺點或失敗，也會因為容易得到周遭的理解和協助，而順利克服困難。

CHAPTER 2

建 立 信 心 的 對 話 法

在建立好親子間的愛與信任後,下一個步驟就是「建立信心」。

當然,讚美是一種有效的方式,但更重要的是,父母以肯定的態度看待孩子,注意到他們的成長和努力,對他們已經能做到的事,多給予正面的回饋。

為了達到這個目標,我們需要先放下既有的常識和價值觀,降低要求的標準。我相信,如果把孩子視為「有能力的孩子」來對待,他們就會產生積極的動力,逐漸展現出不同於以往的表現。

降低讚美的標準

對話038　基礎篇

BEFORE〉**你會做這些是理所當然的**

▼

換句話說

▼

AFTER〉**你做得很好，辛苦了**

POINT〉**每天都要去注意那些「不經意的努力」**

起初，父母只是單純的感謝孩子平安出生，但在不知不覺中卻變得貪心起來，期待孩子「這個若會了，就學那個；那個若會了，就再學另一個」。

此外，當孩子在各方面能力達到一定程度時，我們也會覺得「這種程度是理所當然」，而忽略了孩子每天的努力。

換個立場想，如果爸爸對「回家有晚餐吃」表現出理所當然的態度，媽媽可能會想：「就算只是做一頓飯，也應該抱持感激的心態！」對吧？（笑）

孩子也是如此。像是去學校、完成功課等，即使是看似理所當然、不需要言語稱讚的小小努力，如果父母能夠注意到並給予肯定，對孩子說：「你做得很好！」孩子將會有截然不同的感受。

人們往往忽視每天生活中「理所當然」的努力，但只要有人注意到這些努力並予以肯定，無論是父母或孩子，都會感受到回饋的滿足感。

孩子的個性與讚美標準

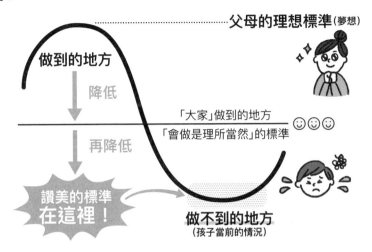

每個孩子都有自己的優勢與不足。有些孩子運動能力很強，但學業方面稍有不足，有些孩子數學很好，但覺得國文很難。

而且，隨著孩子的優勢和不足之間差距愈來愈大時，他們的發展領域也變得愈來愈窄。特別是在那種強調「要跟大家一樣」或「要做到所有事情」的環境中，孩子往往缺乏明確的成功經驗，難以獲得顯著的成果。

儘管如此，父母和老師還是常以孩子擅長的部分做為標準，例如「你已經學會數學了，國語也應該能夠做到」，或是用「大家」和「平均水平」當標準，例如「你已經〇年級了，這些應該都會做了吧？」總之很容易將焦點放在孩子做不到的事。

有些孩子非常努力去克服自己不擅長的事情，卻沒有被周遭的人注意到，使他們對自己也失去了自信。

因此，將孩子的優勢做為標準的父母，或是對孩子抱有更高期望的父母，可以試著降低自己的「讚美標準」。以孩子「做不到的部分」和「不擅長的部分」，做為評估孩子的標準，這樣會發現孩子有很多優點呢！

Q 孩子有發展障礙的傾向，在學校似乎因為不會做的事情太多，而有點引人注意。很希望老師也可以理解，但是……

A 建議開始進行一個「經常感謝老師」和「傳達孩子好表現」的作戰計畫，順利跟老師溝通。

具有明顯發展障礙傾向的孩子，在以平均發展為基準的團體教育中，有時候更容易凸顯他們無法做到的事情，並因此備感困難和壓力。

雖然家長需要告知老師自己的顧慮與孩子的特殊狀況，但如果一直說明「孩子對這個和那個都不擅長、都做不到。」老師可能也會不安的覺得「自己或許無法應對這個孩子」，甚至直接將孩子看做「問題兒童」、「做不到的孩子」等。

以數學科為例，父母可以告訴老師：「我的孩子能夠做到進位之前的計算，但似乎對進位有困難。」「孩子在這個範圍內能做到」。在學習成果發表方面，可以多談談孩子的努力：「孩子能夠站在舞台上直到最後，已經很了不起了。」在與導師面談時具體敘述孩子的優點：「孩子在家會幫忙照顧寵物。」分享孩子好的一面（像是小小的進步、好的變化或反應，以及積極的想法等）給老師知道。

然後，請持續對老師表達感謝：「平時承蒙您的照顧。」「謝謝您的關心。」「多虧老師的提攜，孩子已經學會進位加法。」「孩子被老師稱讚寫字這部分，好像很開心的樣子。」

隨著時間的推移，老師對孩子會逐漸變得更加親切和溫暖，也更容易理解孩子的需求。

關注有做到的地方

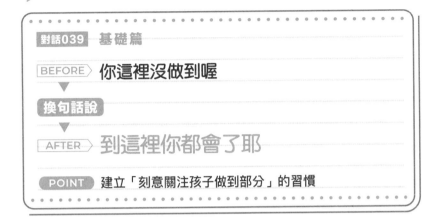

　　當我們檢查孩子的考試和功課時，往往會不自覺的注意到答錯的部分，並且愈是在意朋友、學校和公共場合的評價，就愈覺得「要讓孩子做好」，所以在意的部分就愈來愈多。

　　其實人很容易先注意到不足，這在心理上是很自然的現象。

　　因此就算是違背本能（笑），也要想辦法讓自己養成習慣，去注意孩子已經做到的部分，否則對孩子的責備只會持續增加。

　　同時，孩子有時候很難坦率接受父母的指責，特別是缺乏自信、失去動力或有完美主義傾向的孩子，他們對「被否定」會非常敏感。

　　所以，我建議在檢查考卷或是作業時，比起關注「錯誤」之處，更要注意「正確」的部分；比起強調做錯的地方，更要注意孩子已經學會的部分。即使只有一點點，也要先看見好的部分並一一告訴孩子：「到這裡，你已經會了耶！」「這個字寫得很漂亮。」

　　雖然孩子需要擁有一顆堅強的心，去漸漸習慣面對各種批評，不過，就等孩子具備充足的自信時再來說吧！

💟 寫下孩子「已經做到的清單」

在第0章Step03介紹過父母「已經做到的清單」（p.30），在這裡則要寫出孩子「已經做到的清單」。

寫下孩子的優點或擅長的事情，特別是比他人優秀的部分。還有在每日生活中被認為「理所當然」的小事，即使在不擅長的事情當中，其實也隱藏著孩子的努力與堅持喔！

來吧！請將孩子「已做到的部分」、「表現好的部分」、「表現優秀的部分」全部寫下來吧！（請盡量寫到100個！）

如果這對你來說非常困難，建議試著重新檢視以下「自己內心的常識觀念」，每天回顧孩子的情況後，再試著寫寫看。

Q：「做了這件事真的是理所當然？做到是應該的？」
例如：每天去上學。有時就算休假也會想辦法完成功課。

Q：「這件事，真的是孩子的缺點、不足的地方？」
例如：不穩重，也可說是「好奇心很強」。任性，也是「很有自己想法」的優點。

Q：「這件事，說真的，孩子是不是已經很努力的做了？」
例如：很討厭運動會的孩子，還是想辦法參與到最後。挑食的孩子，即使當天營養午餐裡有自己討厭的菜色，還是去上學了。

Q：「能做到這件事，實在非常優秀，不是嗎？」
例如：可以集中好幾個小時在自己喜歡的事情上；就算只有一點點不一樣的味道，也能很敏銳的感受到。

只要我們稍微改變一下看法，就能發現孩子平日的努力、優點與出色的地方，找到許多閃閃發光的美好部分呢！

「關注已經做到的部分」這項技巧，在照顧多位孩子或是進行團體教育時都能應用。

父母和老師往往不自覺的注意那些需要額外關切或是行為引人注目的孩子，但如果能同時看見那些默默努力、認真堅持的孩子所做到的事，那就更好了。

付出努力卻沒獲得重視，連大人也會感到不滿，覺得「認真做事的一方比較吃虧」。

所以，與其給做不好的孩子否定的評價，不如對做得好的孩子說一句：「○○（名字），你做得很棒。」「你很努力。」這樣，即使他們沒有特別突出的行為，也能感受到大人的肯定（但在這種情況下，請不要提沒有做到的孩子）。

即使是那些經常偏離軌道的孩子，如果能讓他們看見好榜樣，也就有可能修正自己的行為。實際上，如果孩子習慣了這種學習方式，彼此互相學習，或許會比我們想像得更輕鬆。

差不多就好

對話041　　基礎篇

BEFORE〉**不可以跟別人不一樣**

換句話說

AFTER〉**只要做到最低標準就好**

POINT　**對於棘手的事情，採取最低標準的措施**

　　當父母看著周遭其他孩子時，有時會有「我家孩子的努力和忍耐還不夠」的感覺，對吧？

　　但是，對於孩子天生不擅長的事情，只靠類似昭和時代體育漫畫中的「努力、忍耐和堅韌不拔」，是無法幫助他們克服困難的。

　　然而，我也不認為「完全不需要克服自己的弱點」是正確的觀點。畢竟，如果連一點都學不會自己不擅長的事情，可能連自己擅長的事，都無法完全發揮真正的實力。此外，當孩子所擅長與不擅長的事程度差距太大時，可能也會造成壓力，失去信心與目標，甚至沮喪的覺得「大家都不懂我」。

　　在這裡要強調，很重要的是「要在哪一部分採取動作」？

　　在孩子不擅長的部分，合格標準不建議設定在「跟大家一樣（或是比大家好）」的程度，而是設定在「最低標準」，也就是在生活上沒有太大障礙、能對應基本需求的程度，「大概有做到就好」，這種適度的妥協是一個好方法。

 **建立獎勵和集點制度**

　　若孩子努力去做自己不擅長的事，可以建立「獎勵」制度或是給予點數，讓他們兌換自己喜歡的東西或零用錢。

　　剛開始，就算是把獎勵視為目標也好，這可以為孩子提供機會，讓他們試著挑戰自己不擅長的事情，並且讓孩子的努力有「看得見的回報」。

　　經過多次挑戰後，孩子將愈來愈熟悉並習慣面對不擅長的事，挑戰的阻力和壓力也會愈來愈小。當孩子擁有了自信，我相信就算沒有獎勵，他們也能夠好好應對困難。

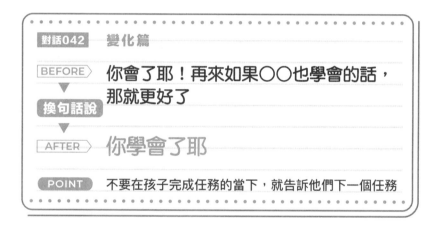

對話042　**變化篇**

BEFORE 你會了耶！再來如果○○也學會的話，那就更好了

換句話說

AFTER 你學會了耶

POINT 不要在孩子完成任務的當下，就告訴他們下一個任務

　　俗話說：「爬了望站，站了望走，乃天下父母心。」不自覺的期望孩子不斷成長與向前，這或許就是父母的天性（笑）。

　　然而，當孩子終於能夠做到一件事，並且感到「太好了！」之時，如果立刻被告知下一個任務，孩子的成就感就會被破壞。在這種時候，父母若能稍作忍耐，不要多說那一句不需要的話，才是最明智的做法。

讓人接二連三在意的「遮瑕膏理論」

人只要在意了一件做不到的事，就會陸續在意其他更多的事，在這裡想分享一個大家都很熟悉的實際案例。

我雖然平常不會刻意化妝，只有在學校開學典禮等這種「就是現在！」的關鍵時刻，才會從櫥櫃後面挖出化妝品，心裡想著：「就是今天，要畫出有氣質的自然妝感，讓自己變身成能幹媽媽的模樣。」結果，在鏡子面前開始以不熟練的手法上妝後……

「啊！眼睛下面有黑眼圈。」我心想：「這裡也稍微修補一下。」於是拿起遮瑕膏在眼下輕輕按了幾下。接下來又發現：「啊！什麼時候這裡出現了黑斑……」，那這裡也修補一下。接下來就一直是「這裡也……」「那裡也……」在不斷的修補之後，最後就變成：「好吧！就全部都塗上去吧！」（笑）。

可想而知，最後成果就是畫出一個一點都不像自己的超級大濃妝。

其實，若只有剛開始那一點點的修補，就已經做到一般社會人士的禮儀和常識規範，但如果有一個地方令人在意，就會不由自主的開始關注其他地方。

不過，任何人都有自己獨有的迷人魅力，像是臉部原有的特徵，或隨著年齡增長而自然產生的內斂感。

其實育兒也是一樣。雖然說有時候，為了讓孩子改善自己的缺點和不足，父母的鼓勵和指責是必要的。但若是矯枉過正，硬是要讓孩子變成像另一個人，或是抹除孩子原有的魅力，這就沒有必要了。

回應做得好的地方

對話043　基礎篇

BEFORE> **你好棒！／了不起！**

換句話說

AFTER> 做到○○（事情）了／在做○○（事情）耶

POINT　**不給予評價，直接表達注意到的事**

　　讚美的言語，通常不外乎就是「好棒！了不起！」不過這樣一來，很快就會說完這些詞彙、用完子彈呢！

　　當孩子還小的時候，這樣的讚美很好，但隨著孩子長大，他們對這種評價就會覺得愈來愈煩。

　　然而，有一種更簡單的方式，就是注意到孩子「做得好的部分」，然後用言語回饋給他們。（只需要敘述你看到的狀況，不用擔心用字遣詞）。

　　例如，當孩子喊叫：「媽媽！你看，你看！」得意洋洋的向你展示他畫的圖時，你可以回應他畫中很棒的地方，像是：「你畫得好大啊！」「你用了好多顏色喔！」也可以說：「你從剛剛就很認真的在畫圖耶！」「哇！畫完了！」只要說出孩子表現很好的地方即可。這樣的方法可以延續至青春期並繼續更新，長期有效。

　　父母只要仔細觀察，讓孩子知道他做得好的地方，那麼孩子這個部分一定會表現得更加優秀。

BEFORE 了不起！

換句話說

▼

AFTER 你自己去做○○（事情），媽媽真的覺得你很了不起！

POINT 就算是孩子很「了不起」，也要讓孩子知道你稱讚他的原因

　　有些人可能長期以來習慣說「好棒！了不起！」這樣的稱讚詞，所以不容易改變這類用語。

　　我建議可以具體說出「為什麼你會覺得很棒」、「孩子的哪些地方讓你覺得很了不起」。例如對孩子說：「你自動自發的打掃，媽媽覺得好棒！」「即使這是你討厭的事情，你還是做到最後，爸爸覺得你很了不起！」

　　訣竅就跟Step14（p.61）一樣，把「自己」變成主語，就算是評價，也只是根據具體狀況，來表達自己的意見、價值觀或感受。

　　我認為這樣做對孩子來說不會產生太大的壓力，而且更容易真正接受正面評價。

　　「媽媽，這真的好厲害！」當孩子滿懷感動與興奮時，父母也要也要用同樣的熱情來回應他：「好棒！」表現得愈誇張愈好。

　　例如，當孩子達成一個對他來說很困難的目標、看到一件很罕見的物品，或是對某個景色、某人行為很感興趣時，在孩子內心感動不已的時刻，如果父母也可以共享這份心情，親子的喜悅必然增加百倍。

如果不知道要怎麼讚美或表達「好棒」，父母可以直接問問孩子本人！

　　當孩子開始在意周圍人的看法時，可能是在表達：「我好像有點不喜歡你很誇張的對我說好棒。」（這是我家老大說的話），在這種情況下，不如問問孩子：「那麼，你會希望我怎麼說呢？」

　　對我們家老大而言，好像只要簡短的回應「OK」、「GJ」（Good Job），或是一個擊掌、豎起大拇指表示「讚」就夠了。

　　尤其是對於進入青春期的男孩來說，他們不需要父母的讚美，但只要是美食就都會接受，所以像是熱騰騰的肉包這類「美食計畫」，也不要小看它的功效喔！

Q 讀了很多育兒書籍後，愈來愈不知道是該讚美較好？還是不讚美較好？

A 「到底能注意到多少孩子的好」，這是很重要的。

世界上的育兒法眾說紛紜，有「多讚美、多成長」的育兒法，也有「不讚美」的育兒法。老實說，哪一個比較好實在令人困惑，我也不例外（笑）。

我認為可以給孩子一些明確讚美，尤其在孩子容易喪失信心的時期是必要的。但如果這些讚美中夾雜著自以為是的「評價」，孩子就會很難了解父母的真實想法。

但這並不意味著，我們完全不給孩子評價，或是不重視成績單。一旦孩子進入社會，必然會在各種場合接受他人的評價，所以在某種程度上，讓孩子習慣接受評價也有必要。

即便如此，父母也不需要對孩子所有行為都進行「好／壞」判斷，過度評價可能會導致過度控制。

其實，父母主觀的「好／壞」標準本身未必絕對正確（這是我一直對自己說的）。

所以我認為，比起爭論是否該讚美或不讚美孩子，更重要的是，培養「注意到孩子好的一面」的能力。

如果我們對所有事情都要一一評估善惡與優劣，不但我們會感到疲累，孩子也會覺得很痛苦吧（笑）。

親子間愈自然，就愈輕鬆。

重點是遵循「以正向態度看待孩子」→「多注意孩子的好行為」→「把它回饋給孩子」的步驟，根據每個孩子當下的具體情況，選擇適合的描述即可。

觀察孩子的行為

對話046　基礎篇

BEFORE　這孩子真是問題兒童！

▼

換句話說

▼

AFTER　你遇到了什麼麻煩嗎？

POINT　避免給孩子貼標籤，多觀察孩子的行為

　　人似乎有種傾向，會不知不覺成為符合他人期待的角色。例如：丈夫被稱為「爸爸」後，就能成為一位父親；新進老師只要被尊稱為「老師」，就能逐漸成為一位老師。

　　那麼如果在家裡和班上，有個孩子一直被視為「做不到的孩子」或「問題兒童」，持續被賦予負面形象的角色，你覺得這孩子會變成怎麼樣呢？

　　「做不到的孩子」可能愈來愈做不到，而「問題兒童」則有愈來愈多問題。

　　因此，即使孩子現在仍有做不到的事，或是令人擔心的地方，大人也應該盡量避免給孩子貼標籤，才是明智的做法。

　　父母可以藉由多多觀察孩子的行為，「他在煩惱什麼事？」「他覺得哪個部分很難呢？」陪伴孩子煩惱與焦慮，一起度過目前的發展階段。從孩子的行為、習慣、思維模式等方面，找出他做不到的原因，或許就能給予孩子所需的幫助。

💝 分析孩子做不到與不擅長的事

關注孩子行為的祕訣，就是將他們「做不到」和「不擅長」的事情，分解成小到可以具體執行的「做○○的事」任務，例如：

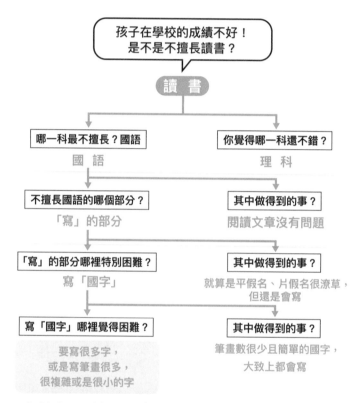

真的很不擅長的事情

透過分析，就能知道孩子不是「不會讀書」，只是對寫很多字，或是寫複雜和較小的文字有點不擅長而已。

只要了解孩子不擅長的原因，父母的要求也會自動降低。此外，孩子表示自己「理科比較拿手」，這是為什麼呢？就跟分析不擅長的部分一樣，我們也可以試著分析擅長的原因。

有些孩子被視為「問題兒童」，也有些孩子被認為是「資優生」，後者通常深受父母和老師的信賴，有一些令人喜歡的優點，像是做事認真、成績優秀、會關心周遭的人事物。

讚美孩子的優點當然很好，但當孩子被周遭的人過度標籤為「好孩子」時，他可能會認為：「如果我不是好孩子，大家可能就不愛我了。」「如果我不是資優生，大家可能就不需要我了。」孩子會愈來愈不像自己，過度試圖滿足周遭人的期待，把真實的自我封印起來。

從某種程度上來說，比起「問題兒童」，人們較難注意到「資優生」的問題。根據我的經驗，孩子過度努力所需要的輔導，或許比「問題兒童」更加困難。

所以，如果大人不想對孩子下「方便使喚的孩子」這種資優生的詛咒，又想為孩子建立信心的話，只要好好的觀察孩子的行為，然後具體告訴他們「謝謝你幫我做○○（事情）」就可以了。

我相信當父母坦率的向孩子表達感謝，就算是大一點的孩子也會感到開心。

另外還有一點非常重要，即使是「資優生」也有缺點，也會犯錯與失敗。為了不要對孩子施加這種詛咒，建議不要責怪孩子，反而要珍惜，把這些過失視為「人性」的一部分就好。

將優缺點做為一組來看待

對話048 **基礎篇**

BEFORE 你真的很任性
▼
換句話說
▼
AFTER 那其實也可以說是很做自己

POINT 試試看把缺點轉化成優點

在這個世界上，沒有一個孩子只有缺點或只有優點。

不論是只關注孩子的缺點，還是只認同孩子的優點，都無法真正讓孩子建立自信。

當孩子失去信心時，父母對孩子做不到的事，可以睜一隻眼閉一隻眼，只要專注在孩子已經做到的事情上。即使只是很小的事、就算表現得很誇張，也應告訴孩子他做得好的部分，這很重要。

然而，最終不管孩子有沒有做到，我認為最理想的是：父母可以正面接受孩子的全部。

在那之前，我推薦多練習「將優缺點做為一組來看待」。在孩子缺點的背後一定有優點存在，而優點的背後也總是伴隨著缺點。如果有些事情做不到，與之對應也會有能做到的事情。

何不先試著把孩子的缺點換成優點呢？

其實這是一件很不可思議的事，只要父母稍微改變對事物的看法，就算孩子有一些缺點，也能讓他們顯得充滿可能性。

把缺點變成優點，挑戰「凹凸轉換」

那麼，讓我們來挑戰「凹凸轉換」，把孩子的缺點（凹）轉換成優點（凸）！

> **凹凸轉換的順序**
>
> ① 把你認為孩子現在的缺點、不足的地方都列出來（這將成為「壞話列表」，所以盡量不要讓孩子看到！）
>
> ② 接下來，請細心觀察孩子的短處和缺點，儘量轉換成肯定的表達方式。例如，將其視為長處、優點，或認為「這都是一種才能」，然後將它們全部寫下來。

如果很難想的話，以下給予一些小提示。

〔「凹凸轉換」的例子〕

缺點		優點
靜不下來	➡	有行動力
注意力不集中	➡	好奇心強
任性	➡	做自己
脆弱	➡	感性
優柔寡斷	➡	關心周遭
沒耐心	➡	切換能力強
外星人	➡	獨特且有創意

有些事情會讓你覺得「原來如此」，可能也有一些事情讓你「感到有點困擾」（笑）。儘管如此，哪怕孩子只有一些些優點，父母都試著努力用肯定的眼光看待孩子，這才是最重要的事。

因為孩子長大之後，他們也會朝著正面和光明的方向發展。

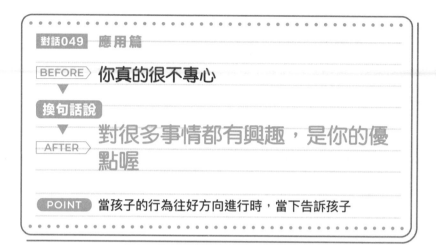

　　不厭其煩的再說一次，因為「優點」和「缺點」是一體兩面，所以孩子的同一個特質，會依著他所處的時機和場合，而產生良好或不良的結果。

　　特別是那些經常被責罵的孩子，由於各種原因，他們所做的常常事與願違。因此，即使是偶然展現出來的正面結果，如果父母能夠及時給予回饋，這些孩子就能逐漸對自己產生肯定感。

　　另外，還有一種技巧是「同時觀察孩子的優缺點」＋「觀察孩子的行為」＋「把自己的想法告訴孩子」。

　　當父母要糾正孩子需要注意的部分時，可以把它們跟孩子的優點放在一起講，「你會做〇〇（事情），我認為那是你的優點，但〇〇的部分，我認為……」，用這樣的方式，他們更容易接受父母的糾正。再舉個更具體的例句：「我認為善解人意是你的優點，但是太在意他人想法這部分，媽媽有點擔心啊！」

　　雖然我一再強調「正向教養」，但若只看到孩子的優點，而忽略缺點也行不通。當人們受到指責並意識到自己的問題時，才能付出努力並改進。所以，我認為偶爾讓孩子知道自己的不足之處，也是非常重要的一件事。

讓孩子跟自己比較

對話050　基礎篇

BEFORE▶ 其他○年級的小朋友都會了喔！

換句話說
▼
AFTER▶ 你比去年進步好多呢！

POINT　讓孩子跟自己比較，注意自己的成長

　　每個孩子的成長方式與發展不同，例如，有些孩子所擅長的部分，是比實際年齡大兩歲的速度在成長；在不擅長的部分，則是比實際年齡少兩歲的速度緩慢成長。我認為，能在各方面都均衡發展、沒有明顯優劣的孩子反而較少見。

　　因此如果以平均發展值為標準，例如「你已經○歲／○年級，應該要學會了」，或是以周遭孩子的成長為標準，例如「○○（名字）已經會了喔」，這種比較其實對孩子的成長一點幫助也沒有。

　　請讓孩子跟自己本身做比較。跟一年前、兩年前的自己做比較，只要孩子在某方面有一點進步，不管同年級的同學表現如何，父母可以具體的給予回饋，讓孩子知道那些連自己都沒察覺到的細微進步和成長，例如對孩子說：「腳踏車騎得比去年好很多了耶！」「最近九九乘法表講得很順耶！」

　　就算孩子需要比一般人花更多時間學習，只要父母有注意到孩子的進步並告訴他們，一定能增強孩子的信心。

BEFORE 啊……(失望)

換句話說

AFTER 你正想要做〇〇（正面事情）對吧／你沒做〇〇（負面事情）耶

POINT 注意孩子的小變化、意願，還有「努力不做」的努力

孩子的成長就像身高一樣，有時候突然很快，但也有一直處於停頓狀態，沒什麼好消息的時候。

孩子有各式各樣的成長方式，有的像手扶梯一樣順利長大，也有像螺旋階梯型、電梯型、雲霄飛車型等不同的成長模式。

有時孩子會在某些階段停滯不前，父母可能會感到無奈。然而我們還是可以去注意孩子那些不太明顯、如同在地底下悄悄發生的微小變化與潛藏的意願之芽，然後告訴孩子：「你正在努力做〇〇」，將焦點投注在這個部分。

此外，如果孩子連續經歷挫折與失敗，可能會失去信心、情緒變得不穩定、容易感到困惑，所以這段時間做的事情可能會比較不順利。有的時候，孩子似乎不僅沒有成長，反而出現倒退的情況，讓父母很難找到可以讚美孩子的地方，對吧？

在這種情況下，即使只是偶然，你可以在孩子通常會生氣、這次卻沒發脾氣時，對他說：「你沒有發脾氣，做得好！」在孩子通常會大吵大鬧、這次卻沒這樣做時，對他說：「謝謝你沒有大吵大鬧！」從孩子經常發生的負面行為中，去找到他們「努力不做」的部分！

Q 孩子的狀況未到發展障礙的灰色地帶，雖然並不需要特別支援，但在一般普通班級中，很容易失去信心。

A 對於有「發展時差」的孩子，建議提供暫時性的輔助。

對於那些在發展程度上稍有落後，但並不被判定有發展障礙的孩子，只需要稍等待一段時間，很多時候，孩子發展遲緩的部分，會自然的按照他們自己的節奏成長（我的大女兒就是如此）。

事實上，這些孩子的某些能力，跟發展平均值之間只有幾個月的差距，就像時差一樣。因此，我稱這種情況為「發展時差」。

對於有「發展時差」的孩子，父母原本只要等待他自然成長，應該就沒有問題，但在一般以「平均值」安排的常規課程裡，可能會讓這些孩子一直經歷「做不到」的挫敗感。

在大人的世界裡，100歲跟101歲其實沒有太大的差異，但在孩子的世界裡，幾個月的「發展時差」，就會帶來很大的感受差異。然而這種「發展時差」到了孩子們的成長結束期時，幾乎都會自然而然的消失。

儘管如此，在孩子這十幾年的成長過程，我們還是希望孩子不要一直抱持著「自己無法做到」的想法。所以就算只是暫時的一段時間，也可以像發展障礙的孩子一樣，善用一些可以減輕負擔的輔助或設計，讓孩子「發展時差」的問題得以減輕，是不錯的做法。

舉例來說，當孩子在低年級的閱讀不太順利時，父母可大聲朗讀給孩子聽；當孩子對個位進十位的計算難以理解時，就讓孩子盡情使用手指或珠子來學習……。等孩子學會後，父母的輔助當然就可以結束了。

然後，父母千萬不要拿孩子跟「一般的〇年級」比較，而是要讓孩子跟「自己」比較，並且持續的告訴孩子他已經學會的事情，肯定孩子所做的努力和一些小小的進步。我相信這樣做的話，會讓孩子愈來愈有動力與自信。

對話052　基礎篇

BEFORE　你考100分耶

換句話說

AFTER　就是因為你那麼努力，才得到這麼棒的成果

POINT　注意孩子「持續的努力」與「挑戰的意願」

　　如果父母只把注意力放在孩子「考100分」、「得到獎狀」、「第一名」，那可能會讓孩子認為即使獲得90分或第二名，都是「失敗的經歷」。尤其是發展不均衡的孩子，他們在團體教育中很難有出色的表現，也較少有獲得讚美的機會。

　　當然，現實中存在著以比賽和考試結果來「論成敗」的情況。但在家裡，若是可以把關注放在過程上並予以孩子支持，無論結果如何，孩子的心理會變得更加堅強，不容易崩潰。

　　注意的重點就在於孩子「持續的努力」和「挑戰的意願」。

　　當孩子表現出色時，請跟孩子說：「因為你為○○付出了這麼多努力，所以得到了好的結果。」「為了這次考試的準備，你做了很多努力吧？」即使沒有好的結果，也可以跟孩子說：「你所付出的努力，已經變成自己的能力。」「你去嘗試挑戰這麼難的事情，已經是很厲害的事了。」父母可以透過注意到孩子的努力和挑戰的精神，幫助孩子累積他自己的「成功體驗」。

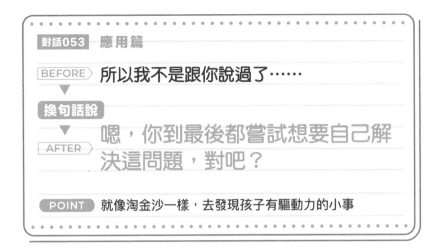

如果孩子沒有付出太多努力，結果也如預期般令人沮喪時，應該怎麼處理呢？

我知道父母遇到這種情況，難免會想跟孩子說：「你看，所以我告訴過你了吧！」但就算孩子只考5分，父母依然可以像在河裡淘金沙一樣，仔細替孩子找出那些很少、但他會做的部分，或是他想努力且有驅動力的小事，也許他下次就不會考得比這次差了。

這時孩子的信心和意願可能會大幅降低，所以對於孩子做不到的事，父母只要回應：「嗯，這也是沒辦法的事。」先暫時接受孩子目前無法努力的狀態，也是父母需學習的一件事。

學校考卷的活用法

考卷原本的用意，應該是為了確認孩子「哪些部分懂了，哪些部分不懂」。其實考卷也可以用來分析孩子的發展特徵、作業水準及處理事情的能力，了解孩子「容易誤解的地方」、「粗心的程度」、「讀和寫有無障礙」、「是否能在時間內寫完考卷」等。此外也能做為成長紀錄，或是當面會談、諮詢孩子發展時所需的資料。若能有效活用，考卷會成為非常有意義的東西。

關注孩子的想像力和創意

當孩子得意洋洋向你展示他做的事情：「媽媽！你看你看！」但有時候那件事的程度並不足以讓你放下手邊工作誇獎他：「不錯！」「太棒了！」（例如，他放了一個點心到小狗的便盆裡）。

對那些特別愛搞蛋的孩子來說，比起做些了不起的事被稱讚，他們更喜歡嚇人或逗人家笑，這似乎是最好的獎勵。

雖說這也是一種才能，但稱讚他或者不理會他，反而可能讓他變本加厲，這也是令人很困擾。

這種時候，父母可以關注孩子的想像力和創意，回應孩子：「只有你才會有這樣的想法耶！」「媽媽在40年的人生裡，第一次看到呢！」「嗯，這真是一個新的想法！」

如果孩子的惡作劇對周遭的人造成很大的困擾，或是行為太過於逾矩，就有必要幫助孩子暫停（在第4章會再詳細說明）。至於孩子獨特的創意、豐富的想像力，或是充滿活力的服務精神，這些部分就將其視為優點好好維護，不是很棒嗎？

有時候孩子會做出一些很無聊的事，無聊到父母無法說出「想像力真豐富」之類的話，孩子還會很得意興奮的期待父母的回應。

舉例來說，像是臉上布滿了飯粒、用沾滿番茄醬的手靠近你，或是把餅乾壓得很碎，放入牛奶重新攪和後吃下肚；還有的孩子愈髒愈愛玩，甚至喜歡做些父母最討厭的事（我們家的孩子就是這樣！）

對於像這類沒必要稱讚但也不至於生氣的事，父母可以明顯擺出討厭的表情，就眼前的景象直接說：「嗯，真是一團亂！」「嗯，到處都是碎片！」

接下來，請拿出掃帚、小掃把、濕紙巾，對孩子說：「好，來整理吧！」讓他們整理善後也是一個辦法。

若能再多用心規劃一下，像是在餐桌附近隨時準備好一組掃帚和小掃把，並在牆上貼一張手寫的「打掃辦法」，可以讓孩子更容易處理善後。

事實上，這種亂七八糟的遊戲方式，雖然不被父母讚許，但對孩子的感官發展其實很有助益。

所以，若是在父母可以接受的範圍內，請當做沒看見吧！

用言語重新設定成見

對話056 　**基礎篇**

BEFORE 反正你一定不會做吧／你果然不會吧

換句話說

▼

AFTER 嗯？你怎麼了呢

POINT 調整不自覺講「反正」、「果然」的說話方式

當同一件事情，父母對孩子說了很多次，但孩子都無法確實做到，就算嘗試也一直失敗的時候，父母必定感到疲累，然後漸漸變成「反正」、「果然」這樣的放棄心態。

但如果就此斷定孩子是「做不到的孩子」，那他就真的會成為這樣的角色（參考Step28，p.103）。

當父母想重建自己的潛意識時，請先從改變自己說的話開始，那將會更容易改變。

像這種情況，我認為父母可以試著先把自己一直以來的經驗和預期放在一旁，以照顧一個陌生孩子的心態，以一張白紙的狀態，再次嘗試看看。

「嗯？怎麼了？」「嗯？哪裡有困難？」當父母以全新的心態，仔細聆聽孩子不做的理由，或是做不到的部分，可能會發現孩子在一個你意想不到的地方遇到了障礙或感到壓力。一旦重新歸零後，也許就發現孩子不做或做不到的原因了。

對話057　變化篇

BEFORE
○○（名字）你很厲害耶！哪像我們家孩子……

換句話說

AFTER
○○（名字）你很喜歡做某某事吧？

POINT　在孩子面前的謙卑請適可而止

　　在這裡最讓人擔憂的是，媽媽們閒話家常的時候，大人總以為孩子沒在聽或是聽不懂內容，但其實他們都有在聽，而且出乎意料的能理解大人所說的話。

　　也有一些案例是孩子在很小的時候記住了那些令他印象深刻的話，等他們長大後才明白那些話的意思。

　　特別是在日本文化中，「謙卑是美德」的價值觀根深蒂固，有時候父母會在孩子面前誇獎其他孩子，然後說：「我家的孩子，還不會做○○（事情）呢！」無意間貶低了自己的孩子；或是說：「我們家孩子已經○年級了，但還是很愛撒嬌！」雖然這對父母來說是開心的事，但卻是孩子希望你「不要說」的話。即使在親子之間，也常常會禍從口出！

　　適度的謙虛是美德，但在孩子面前，請避免赤裸裸的貶低他們，才是明智之舉。

　　此外，誠實的讚美他人是件很棒的事，但在孩子面前進行比較可能會讓他們感到沮喪。因此專注於稱讚對方的個人特質和想法，而不要牽扯到孩子會更好。例如說：「○○（名字）你很喜歡彈鋼琴吧？」「○○（名字）覺得足球有趣到愛不釋手呢！」

Q 當告訴老師孩子有發展障礙的狀況時，老師先入為主的認定小孩是「做不到的孩子」。

A 尋找一個可以將孩子視為「有能力的孩子」的環境。

基本上，當孩子有發展障礙，就算孩子努力也無法克服時，我認為告知學校是好的。

因為這麼做可以期待得到一些支援。像是更容易獲得適合孩子的輔助或關懷，或者事前避免造成孩子的恐慌或麻煩，同時，也能減少孩子在學校經歷失敗或是被責備的機會，並依照孩子的學習步伐，慢慢增加他能做的事情。

但若遇到先入為主觀念較強的老師，他們可能會將孩子視為「做不到的孩子」或「問題兒童」，小心對待孩子，只提供一些不符合孩子程度的簡單作業，就像是對待腫瘤一樣。更糟糕的是，照顧者本身也可能被貼上「恐龍家長」、「麻煩的父母」等標籤。

如果父母對告知導師感到不安，可以先跟學校的輔導老師諮詢，或是邀請特殊教育輔導員、管理階層的老師一同參與導師面談，也是不錯的辦法。

然而，如果做到這一切，孩子還是被貼上「做不到的孩子」的標籤，我認為尋找其他學習環境，能將小孩視為「做得到的孩子」的地方可能會更好。像是孩子拿手的課程或是有興趣的社團，他們可以在那裡累積和體驗，在沒有先入為主觀念的環境中，憑著自己的實力獲得認可的感受。或者是在一些可以個別指導的外部支援機構或補習班，讓孩子累積「做得到」的經驗，這些都有助於增強孩子的自信心。

不要讓某位老師或某個班級的價值觀變成孩子的「全部」，要讓孩子的世界更寬廣的拓展，也是這個時代的處世之道。

間接的傳達肯定

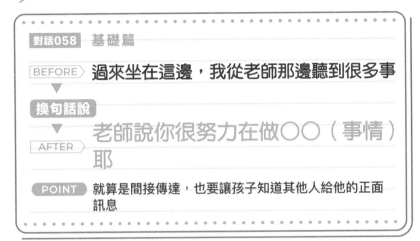

對話058 基礎篇

BEFORE 過來坐在這邊,我從老師那邊聽到很多事

換句話說

AFTER 老師說你很努力在做○○(事情)耶

POINT 就算是間接傳達,也要讓孩子知道其他人給他的正面訊息

　　在親師的面談中,當我從老師那裡聽到孩子的種種事蹟後,會不小心變成像執行官一樣的回家,見到孩子的第一句話就是:「請把那個問題改掉!」然後開始對孩子說教(笑)。但是,仔細回想老師所說的話,一定也有些好消息混雜在裡面。

　　對於那些很少獲得他人讚美的孩子來說,讓他們建立信心的機會很寶貴。所以當父母從他人口中聽到就算只有一點點好消息,也要好好抓住機會,用間接的方式隨時告訴孩子,例如說:「老師在面談時有說到『最近你很努力的為班上做事情』。」「對面的奶奶有說,聽到你們跟她道早安,她好開心呢!」

　　若是比較少直接聽到好消息的時候,用推測對方心情的方式去傳達,也是一種方法,例如說:「我想,老師一定覺得你幫了個大忙。」「我覺得奶奶一定很開心!」

　　間接的讚美,對於正處害羞年紀的孩子來說更容易接受,而且獲得他人認可的經驗,也將增強他們的自信心。

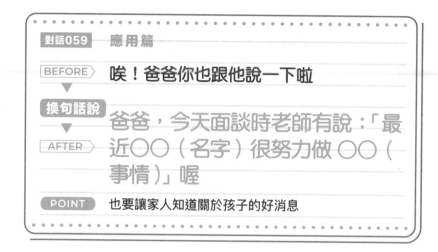

對話059　應用篇

BEFORE 唉！爸爸你也跟他說一下啦

換句話說

AFTER 爸爸，今天面談時老師有說：「最近○○（名字）很努力做○○（事情）」喔

POINT 也要讓家人知道關於孩子的好消息

　　建議隨時將他人口中得知的好消息，也不經意的分享給其他家人知道。這樣一來，又可以透過爸爸來詢問孩子：「最近聽說你很努力在做○○（事情）？」直接給孩子一些回應，就算爸爸沒有說出口，也可以增加爸爸對孩子關愛的眼神。

　　當然，不僅是從他人口中聽到的事情，父母自己注意到的正面消息，像是孩子的成長、優點、興趣或是喜歡的事情等，也非常建議平時跟家人和周遭朋友隨時分享，例如「昨天○○（名字）自己一個人騎腳踏車到○○（地點）」、「最近○○（名字）很著迷用樂高做出○○（東西）喔」。

　　對於忙碌的家庭來說，為了有效率的分享孩子的消息，可以在家中入口處，用軟木板設計一個家庭公告欄，或是用APP建立一個家庭群組，互相分享照片。 此外，如果能盡量用錄音或數位的方式，具體的傳達孩子的狀況，那就太好了。

　　藉由輕鬆的分享孩子寶貴的消息，我們可以共同創造出對孩子的「溫暖目光」和「溫馨氛圍」。

肯定孩子當下的努力

　　有時候，只需要一兩個字的改變，就能大幅改變說話的印象。例如「今天的晚餐真好吃」……（這句話其實沒有必要說）

　　像「加油喔」這樣的鼓勵話語，當孩子已經盡力而為卻沒有獲得好結果，或是過度努力做某件事情時，這句話很可能讓他們產生壓力或負擔。

　　如果父母想表達對孩子的支持，只要將「加油」改成「你做得很好」，就會讓孩子覺得現在的努力受到肯定。

　　雖然父母總是對孩子有很多期待，但孩子是活在「當下」，所以，我認為最重要的是肯定「現在的孩子」。

　　關注「當下」，只需將表達改成「現在進行式」，父母就能夠接納「現在的孩子」，並且更坦率的與孩子分享自己的心情。

BEFORE ▸ **為什麼做不到？**

▼

換句話說

▼

AFTER ▸ **（現在）這樣就好**

POINT　無論如何都做不到的事，就接受「現在」狀態就好

即便如此，父母有時候就是會忍不住擔心孩子做不到的事情。

「他在學校會不會被朋友當笨蛋欺負？」「這件事會不會造成他未來的困擾呢？」父母出於擔心，很容易在不經意間對孩子多說幾句。我也是一樣，當我在旁邊看到孩子有點笨拙時，我也會很不耐煩且坐立難安。

但是，由於孩子正在按照自己的節奏成長，一步一腳印的前進，所以當孩子被要求再往前邁進一點時，可能會覺得「不管多麼努力，『現在』就是做不到」。

其實，這只是「現在」的孩子「時機未到」而已。就像在學會乘法之前，必須先對加法有一定的理解，孩子「會做的時機」也有先後順序。所以，當孩子已經很努力，卻還是做不到的時候，父母可以想：「這只是他『現在』還不會而已。」「（現在）這樣就好。」「（現在）已經做到○○（事情）就足夠了。」「（即使現在做不到）好吧，沒辦法了。」接納孩子現在的狀態就好。事實上，在父母等待的同時，不知不覺中孩子正在按著自己的步調，穩紮穩打的成長呢！

CHAPTER

讓孩子聽得懂的對話法

若父母用明確的方式將自己的愛傳達給孩子，關注他們的正面表現，並以肯定的態度接受孩子的全部，不論孩子是否有所成就，他們都能實際感受到被愛，並開始重視自己，從而建立「無根據的自信＝自我肯定感」。

建立孩子的自我肯定感非常重要。與此同時，也需要讓孩子自己完成目標，增加「我做到了」的體驗，建立「有根據的自信＝自我效能感」，也就是具備「實力＝執行能力」。

如果父母能掌握跟孩子的溝通訣竅，就能更有效率的增加孩子在現實生活中「我做到了」的經驗。

告訴孩子什麼可以做

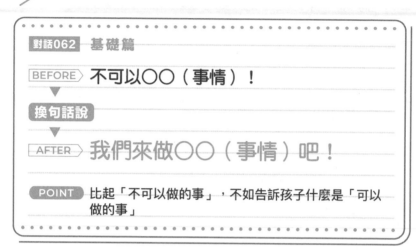

對話062 基礎篇

BEFORE 不可以○○（事情）！

換句話說

AFTER 我們來做○○（事情）吧！

POINT 比起「不可以做的事」，不如告訴孩子什麼是「可以做的事」

　　父母常提醒孩子「不要在人行道上奔跑」、「不行拿朋友的東西」，但尚處懵懂階段的孩子可能會很困惑：「我大概知道不可以、不行，但我接下來該怎麼做呢？」

　　我們可以用具體的行動和言語告訴孩子，該怎麼走過人行道或走廊、什麼才是正確與朋友互動的方式。像是提醒要「走在人行道的邊緣」、在需要時向朋友詢問「可以借我球嗎」等，這樣一來孩子就會明白什麼是「可以做的事」。

　　具體告訴孩子「可以做的事」，孩子會更容易了解什麼才是適當的行為，比起指責，孩子更樂意接受這樣的指導。

　　尤其是對於不擅長觀察周遭學習的孩子，若是可以逐一（雖然有點麻煩）具體的告訴他「可以做的事」，相信他會做的事就能慢慢增加。

　　雖然希望孩子能自主行動，但在此之前還是需累積相關的經驗，並透過重複練習和養成習慣才能達成目標，這是必經的過程。

BEFORE	AFTER
你為什麼會做那種事呢？	▶ **遇到這種狀況，做〇〇（事情）就可以囉！**
真是的，你到底在幹什麼！	▶ **這樣做就好了！**
不要把東西弄亂！	▶ **用過的東西，請放進箱子裡。**

比起找失敗原因，不如想解決方案

當孩子做出了難以理解的事時，我們可能會想「為什麼會做這種蠢事？」並開始在腦海中尋找罪魁禍首，但首先關注的重點應該是提出解決方案。

父母可以用實際的案例、執行的重點、具體的指示，讓孩子明白「這樣做就好了」，這樣孩子也比較容易著手（詳細說明在以下各Step跟大家介紹）。

另外，當孩子的行為太偏差時，父母當然有必要出面制止，但若平常講太多「不能做〇〇（事情）」、「請不要做〇〇」的話，孩子有可能會不知道該怎麼辦而感到混亂、無法採取行動，導致整個人變成很消極。

這種時候，建議父母開始有意識的指引孩子「可以做的事」。

BEFORE **要這樣做、要那樣做！**

▼

換句話說

▼

AFTER 你覺得該怎麼做才好？

POINT 等孩子漸漸累積不少經驗後，父母就可以慢慢放手

父母藉由具體告知孩子「可以做的事」，讓孩子累積足夠的經驗，並讓「可以做的事」變成習慣後，就可以進階到這個「應用」的步驟（對於能觀察周圍學習的孩子，可以從這個階段開始）。

將對話內容改成讓孩子自己思考、回想以往經驗，例如問孩子：「（這種情況下）你覺得該怎麼做？」「你應該怎麼辦才對？」然後逐漸減少干預，直到最終不需要父母做任何提醒，這段守護孩子漸漸獨立的過程非常重要。

之後每章都有「放手」的過程，這是重要的步驟，如果你能一直將其牢記在心就太好了。

觀察孩子的狀況時，若發現「他好像會得差不多了」、「感覺他理解了」，請記得這個步驟。

這樣一來，我相信父母的工作就會慢慢減少，同時也會漸漸變得輕鬆自在。

Step 37 讓孩子察覺後再開始說話

對話064 基礎篇

BEFORE ○太郎！○太郎！○太郎！

換句話說

AFTER （走到孩子的身邊）○太郎

POINT 當孩子正專注某件事時，父母可以先靠近孩子，用感官的方式進行接觸

當孩子很專注做某件事或發呆時，父母就算從廚房或樓下多次大喊，都只是在浪費力氣而已。

這種時候（雖然有點麻煩），建議父母還是起身靠近孩子，讓孩子察覺到我們後，再叫他會比較好。

儘管如此，如果已經走到孩子身旁，但他還是渾然忘我無法察覺，要如何讓他回過神來注意周遭狀況呢？訣竅其實就跟催眠師喚醒受術者一樣，透過呼喚和感官刺激，讓對方從夢中甦醒過來。

例如，用手指戳孩子的肩膀或髮旋、在孩子面前揮手或彈手指、在孩子周邊的東西如桌子上敲幾下，或是把熱騰騰的肉包拿到他面前等。

每個孩子感官的敏感度不同，父母可以多嘗試與試驗，找到孩子最敏銳的感官。

CHAPTER 3 讓孩子聽得懂的對話法

BEFORE〉 **喂！你有在聽嗎？**

換句話說

AFTER〉 你看，你知道.......

POINT 用「你看」，引起注意後再開始說話

當我正在跟孩子講很重要的事且快要講完時，才發現孩子根本沒有在聽，那種疲憊感真的很難受！（苦笑）

這種時候若是先說一聲「你看」，讓孩子將注意力轉到我們身上後，再開始帶入正題跟孩子說話，父母會省力很多。但請注意重要的話要簡短扼要！（參考Step07，p.41）

搞笑藝人「表演前先抓住觀眾的注意力」法則

搞笑藝人在登場時通常會做一些誇張的動作，例如拍手並同時大聲說「大家好，大家好，大家好！」

有時候，會穿很奇特的衣服或是先說出一個笑梗，他們對於一開始「引起注意」這件事看得很重要。

其實這也是為了重新整頓上一組表演留下的氛圍，讓觀眾可以先注意到自己後，再進入自己主要的表演和脫口秀。

在家裡當然不必搞笑，但若能嘗試「引起注意」或許效果會不錯。

這是每個家庭早上很常見的景象（笑）。

當父母慌張忙碌時，因為自己也沒有多餘的心力，所以都會不小心把話說得很快，並一下子對準備出門的孩子下太多的指令。

然而，對於年紀還小、好奇心強或容易分心的孩子來說，他們的記憶力相當短暫，工作記憶（指瞬間或暫時記住，以及處理資訊的能力）的容量很小，可能無法一次記住或執行這麼多個指令。

像這種時候，就要讓孩子做完一件事後，再進行下一件事，且用緩慢、容易聽清楚的語調說出每個指令，相信孩子就可以按照順序一一把任務完成。

若過於著急而下達太多指令，反而會因為訊息超量而導致孩子感到混亂，使動作變得更緩慢，所以「欲速則不達」，或許稍微等一下，才是離終點最近的路線。

CHAPTER 3 讓孩子聽得懂的對話法

129

💡 如何在早上做準備？

雖然要分階段給予指令，但每天早上出門前都要一一提醒也需要耐心，對於「因為很趕，所以都會不小心變著急」或者「延遲變成一種既定模式」的情況，可以試著活用以下的小技巧。

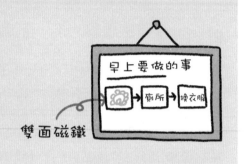

- 將準備流程一一寫在雙面磁鐵片上，並將它們排列在白板上，若一個步驟完成了，就翻面（背面畫上一個「讚」等）。
- 製作一張準備流程表並張貼，流程表中利用插畫或照片呈現並標上號碼表示順序。
- 把準備流程的順序和錄音檔，輸入智慧手機的提醒和鬧鐘裡。

這樣做可以讓父母的思緒更加清晰，同時也能保持溫柔和耐心對待孩子（笑）。

但如果父母運用對話和小技巧後，孩子還是遲遲無法做好上學準備的話，這背後可能隱藏著不想上學的理由，或是有表面看不出的身體不適。這時可能要優先照顧孩子的身心狀態。

另外，如果孩子在學校聽不懂老師複雜的指令，導致在課程中經常拖延，或許需具體告知老師問題並委婉拜託，例如說：「因為孩子一下子無法聽懂太多指令，所以需要麻煩老師，若可以在黑板上條列式寫出指令，相信對孩子會有很大的幫助。」請老師多費心在各階段個別提醒，搭配黑板條列式清單、傳遞小紙條等方式幫助孩子。

運用以上的方法，我認為孩子接收指令的感受會很不一樣。

BEFORE 來刷牙吧？→（結束後）→要去廁所嗎？→（結束後）→……

換句話說

AFTER 刷完牙後，接下來要做什麼？→看看鏡子，這樣可以嗎？→看一下時鐘，我們來得及嗎？

POINT 當流程都已經熟悉，接下來只要提醒孩子自己去察覺、去確認就好

　　雖然在孩子習慣「準備工作流程」前，可以逐一提醒孩子接下來要做什麼，但最終還是希望「父母不用說，孩子就會自主思考如何行動才會準時」。其實透過每次逐一傳達指示，就能讓孩子熟悉這些流程，知道接下來該做什麼。然後，透過父母進階式的「提醒引導」和「確認引導」，讓他們即使沒有指示，也能自主行動。

　　「我們接下來要做什麼？」「該怎麼做才好啊？」等提醒引導，都可以讓孩子注意到接下來的行動，或是藉由「這樣可以嗎？」「我們來得及嗎？」等確認引導，將孩子的目標轉移到下一個流程，也是個好辦法。

　　這時如果再引導孩子去看一些他們能夠自己確認的具體事物，例如「看鏡子」、「看時鐘」，孩子會更容易開始行動。

把模糊的詞語變具體

基礎篇

BEFORE > 稍微等一下

換句話說

AFTER > 請再等我〇分鐘

POINT 把模糊不清的詞語具體說明

其實,「稍微」和「馬上」這種模糊不清、太過粗略的詞語,對人生經驗還很少或理智型的孩子來講,似乎是很難想像且很難懂的概念。

若可以用數字、實例和行為具體說明,例如「再〇分鐘」、「等媽媽把盤子洗完」來表達「稍微」是指多久,孩子會比較容易理解「原來是這樣」。

雖然這樣做「稍微」有點麻煩(苦笑)。

還有像「好好的」、「確實的」這種詞語也很抽象,很難具體想像,導致有些孩子很難「確實的」理解大人說的話。

所以在孩子養成不好的習慣前,我們可以具體的向孩子形容,「好好的」是什麼、「確實的」是指什麼,還有要以何種行為來達到合格的標準,他們就會更容易理解大人的話。

〔換句話說：模糊不清的詞語篇〕

〈 BEFORE 〉　　　　　　　　　　　　　 AFTER 〉

BEFORE	AFTER
大概就好囉！	▶ **大概做到 80% 就可以了**
不要這麼懶散！	▶ **把你的背挺直，向前看**
好好排隊	▶ **請站在這條線內**
請好好打掃	▶ **（手指指出範圍）把這裡到這裡的垃圾掃乾淨**
請確實做好	▶ **要做的事再確認一下，好嗎？**
隨便做就好了	▶ **若覺得累了就休息吧！**
就在這附近等	▶ **我在校門口等你，好嗎？**

設法讓孩子看到實物和實例

　　模糊不清的指令，可以讓抽象的規則與概念變得「能看見」，有助於讓孩子清楚理解。例如以下例子。

- 在作業上畫線、在公園的遊戲設施旁排隊的地面上畫線或畫圈等。
  ⇒「從這裡，到這裡」用線畫出範圍。
- 用手指倒數、顯示結束時間的計時器、分配號碼牌、在作業的範圍內每一頁都貼上便利貼等。
  ⇒「還剩下多久」用次數、數字和數量等方式具象化。
- 行為的實例榜樣（父母、兄弟姊妹、朋友等）或是可以做為參考的照片、插畫、動畫等。
  ⇒「『好好的』是指這樣」讓孩子可以想像。

　　另外，如果在等待或休息時間跟孩子說「你可以放輕鬆」、「做任何你想做的事」等這種不具體的指令，有些孩子反而會很困擾，不知道自己該做什麼才好。

　　面對像這類的孩子或是不擅等待的孩子，可以將電動、漫畫、電視的遙控器等交給他們，然後告訴他們「可以玩電動」、「請看這本書」、「請看這個等一下」等，具體告知孩子等待時能做些什麼，他們會覺得你很貼心。對於不知道該怎麼度過學校下課時間的孩子來說，可以讓他們帶上喜歡的書或是筆記本，對他說「等上完廁所後，可以在自己的位子讀這個」，具體的告訴孩子「可以做的事、會做的事情」，他們或許會比較安心。

　　其實大人也是一樣，如果在美容院等待時有雜誌可讀，在接待室等待時有甜點可吃，我們就能更有耐心。

雖然前文提到要將模糊的詞語變具體，但不是所有人都會親切仔細的告知對方要怎麼做。

所以，當孩子漸漸累積「稍微」、「大約」的概念後，父母可以故意使用BEFORE那樣的詞語（模糊的語詞），讓孩子慢慢習慣。例如一起做菜時，可以說「稍微加一點醬油」、「火的強度大概就好」等。

當孩子實際操作時做到了「稍微」、「大約」的感覺後，父母記得當下給予回應：「對，這就是『稍微』」、「對，那樣就是『大約』」等。

如果孩子有「稍微」做不到的情況，就和孩子一邊品嘗味道，一邊用感覺來調整就好了，例如「這樣『稍微』鹹了點。『再稍微』加點水」等。

當孩子建立起對模糊詞語的概念，漸漸的，就算父母不具體描述，使用模糊概略的詞語，孩子也都能聽懂。

Step 40 詢問孩子是否方便

對話070　應用篇

BEFORE〉**你夠了沒！**

換句話說

AFTER **還剩下幾分鐘會結束？→結束了耶！**

POINT **當孩子熱中某件事時，進入孩子的世界與他交談**

孩子很容易因為太著迷電動，而影響到像寫功課和吃飯這些應該要做的事，這的確會令人很生氣（即使現在，我也很常說出「你夠了沒！」這句話）。

雖然孩子對一件事保持專注是優點，不過如果一直只做自己喜歡的事，反而會導致家庭生活無法正常運作。

但父母若隨意發脾氣，直接拔掉遊戲電源、強制結束，害孩子珍惜的紀錄都消失的話，這可能會帶來後續更多問題。就算是孩子，他們也有自己想做的事。

像這種時候，若能試著了解並進入孩子的世界，用他們的話彼此交流，聆聽他們的心情，有時孩子反而會老實的關掉遊戲。

例如詢問孩子何時可以告一個段落：「還有幾分鐘這場對戰才會結束？」「離下一個遊戲儲存點還有多久？」「若拿到那個東西就可以結束了嗎？」

如果此時他回答「再五分鐘就可以儲存」，並能夠遵守自己設定的時間限制（即使稍微超過一些），你就可以給予回饋，例如說：「你完成了，很棒！」做為鼓勵。

BEFORE　吼！你到底什麼時候才要寫作業啊！

換句話說

AFTER　你打算什麼時候開始寫功課呢？

POINT　對於懶得動的孩子，當他言行一致時，可多給予回饋

　　對於懶散的孩子，如果你失去耐心並生氣的跟他說：「到底什麼時候才要寫作業啊！」聽到這樣的話，他們可能會回嘴：「我正想要開始寫，可是現在因為你這樣說，我已經不想寫了！」這好像是很常見的情況。

　　孩子們若可以都像補教界名師說的一樣「你打算什麼時候做呢？現在就開始吧！」這麼有執行力的話，那當然是很棒，但實際上卻不是如此。

　　面對懶得動的孩子，父母可以先問問孩子本人的想法和意願，例如：「你打算什麼時候開始做呢？」當孩子勉強說出承諾，像是：「吃完晚餐，大概七點左右再開始來寫吧！」那還算不錯。

　　當得到孩子的承諾後，父母可以藉由提醒或是設定鬧鐘，幫助孩子說到做到。「好！七點對吧？那我們來設定鬧鐘，這樣就不會忘記了！」

　　然後，在孩子開始寫功課時，可以對他說：「你按時開始寫功課了耶！」對孩子言行一致給予回饋。如此一來，就算是懶得動的孩子，也會漸漸變得有行動力。

CHAPTER

3

讓孩子聽得懂的對話法

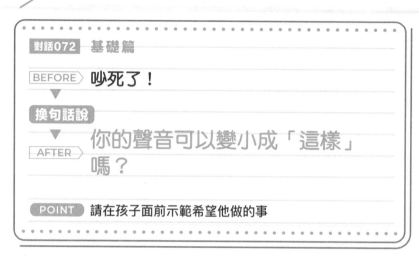

對話072　基礎篇

BEFORE　**吵死了！**

換句話說

AFTER　**你的聲音可以變小成「這樣」嗎？**

POINT　**請在孩子面前示範希望他做的事**

「希望孩子做的事」若可以給他一個具體的範例，孩子會更容易了解，也更容易執行。

例如，當孩子在吵鬧時，若只說「很吵！」，對幼小的孩子或那些不擅長察覺言外之意的孩子來說，其實很難注意到那是「希望他們聲音小一點」的要求（特別是當父母比孩子更大聲的說「很吵！」時，更是完全沒有說服力）。

像這種情況，父母當下就可以用剛剛好的音量當做「實際範例」，若孩子可以調整到剛剛好的音量時，父母就及時回應孩子：「對！你就保持這樣的音量！」

反覆做這樣的練習後，相信孩子會逐漸掌握住每個場合的適切音量（當累積一定的經驗後，孩子有一天也會了解「很吵」的意思）。

雖然保持耐心且不斷示範「希望孩子做的事」，對父母來說是件很辛苦的事，但孩子會做的事確實會增加不少喔！

💡 設法讓「聲音的大小」看得見

　　除了「給孩子看範例」，也可以用其他方式讓孩子們意識到聲量。例如告訴孩子：「現在的聲量，如果用電視音量來形容，大概是『5』左右吧！」用身邊實際的範例具體說明。其他還有像以下這樣的小方法。

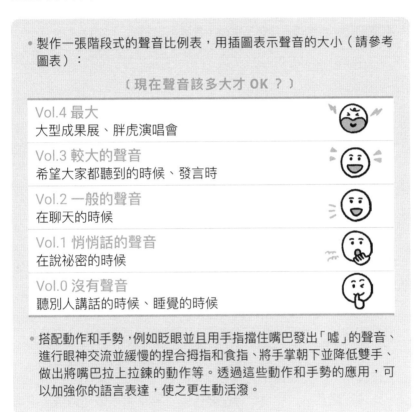

- 製作一張階段式的聲音比例表，用插圖表示聲音的大小（請參考圖表）：

〔現在聲音該多大才 OK ？〕

Vol.4 最大
大型成果展、胖虎演唱會

Vol.3 較大的聲音
希望大家都聽到的時候、發言時

Vol.2 一般的聲音
在聊天的時候

Vol.1 悄悄話的聲音
在說祕密的時候

Vol.0 沒有聲音
聽別人講話的時候、睡覺的時候

- 搭配動作和手勢，例如眨眼並且用手指擋住嘴巴發出「噓」的聲音、進行眼神交流並緩慢的捏合拇指和食指、將手掌朝下並降低雙手、做出將嘴巴拉上拉鍊的動作等。透過這些動作和手勢的應用，可以加強你的語言表達，使之更生動活潑。

　　事實上，音量控制就像是情緒控制的入門篇。

　　我認為可以輕鬆控制自己情緒這件事，就連平常在打坐修行的和尚都很難做到，但若是控制音量的話就比較簡單，只要稍微有意識的執行，大人和小孩似乎都可以做得到。

　　愈是容易暴怒的孩子，愈是建議他們要學會控制自己的音量。

BEFORE ▸ **冷靜點！**
▼
換句話說
▼
AFTER ▸ **呼～（吐氣），嘶～（吸氣）**

POINT　希望孩子冷靜下來時，先從自己開始

孩子在公共場所情緒太過亢奮、大哭大鬧時，通常會引來周圍路人的眼光，讓父母感到很不自在，所以父母會希望孩子盡快安靜下來，但如果沒有告訴孩子要怎麼做，他們是沒辦法冷靜的。

當孩子大哭大鬧時，如果父母可以帶領孩子一起調整呼吸，「呼～（吐氣），嘶～（吸氣）」，會是很棒的一件事。可以冷靜的告訴孩子要做什麼，例如說：「你可以慢慢按照順序跟我說嗎？」

最重要的是，當父母希望孩子冷靜時，記得自己要先冷靜。

因為父母很容易陷入孩子的情緒，所以當孩子一哭，你的情緒也被影響而變得慌張時，請讓自己先深呼吸。

只要父母自己可以冷靜下來，孩子最終也會冷靜下來。另外，對於經常強烈恐慌和鬧脾氣的孩子，某些情況其實是因為體質上感官較為敏感的關係。

這種情形需要找醫生諮商，同時盡量避免孩子接觸到特定的聲音、味道、顏色、人和場所等刺激因素，若是可以設法減緩孩子體質敏感而造成的壓力，例如使用口罩、耳罩或淺色眼鏡等，也是不錯的方法。

Step

42 **教孩子做事的訣竅**

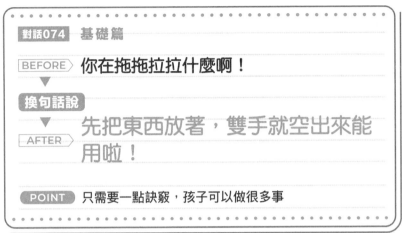

對話074 基礎篇

BEFORE **你在拖拖拉拉什麼啊！**

換句話說

AFTER **先把東西放著，雙手就空出來能用啦！**

POINT 只需要一點訣竅，孩子可以做很多事

CHAPTER 3 讓孩子聽得懂的對話法

　　上學快要遲到了，孩子卻還在家門口拖拖拉拉，父母忍不住感到焦慮，不自覺想催促孩子快一點，但這樣卻容易造成反效果。

　　愈是這種時候，父母愈需要冷靜下來，好好觀察孩子的行為，如此一來才會發現讓孩子加快腳步的要點。

　　說不定孩子試圖一邊拿著體操袋和書法用具，一邊試著穿鞋子呢？（笑）

　　穿鞋子是一件簡單的事，如果孩子雙手沒有拿任何東西，當然可以快速穿好。但孩子若因為單腳站立重心不穩，導致鞋子、襪子無法順利穿好時，父母可以跟他說：「你試著坐下來穿看看。」

　　其實真的只需要一點提示，孩子就能輕易完成很多事，但有時孩子就算當下了解了，之後還是會忘記，所以父母只要從旁稍微提醒就可以了。

　　另外，若是一邊看電視，一邊準備出門的話，當然會遲到。因此讓孩子建立一些基本的習慣，像是「準備時，請關閉電視」也是很重要的事。

　　好不容易孩子有心要一起做菜，孩子卻把食材灑得亂七八糟，超危險。

　　這部分也跟準備出門一樣，若是可以告訴孩子一些小技巧，會很有幫助。例如當孩子盛味噌湯灑出來時，可以教他「把碗靠近鍋子一點，就不太會灑出來」；把食材放進湯鍋裡的時候，若一口氣「咚」丟進去，熱水濺起產生危險時，可以教他「食材靠近湯一點，再試著慢慢放手」（暫時把湯鍋從火爐上拿下來也是一個方法）等，像這樣具體告知孩子動作的要點，能引導孩子獲得「我做到了！」的成功體驗。

 用心設計孩子使用的東西和環境

　　當孩子在執行上不順利的時候，可以檢視孩子所使用的工具和環境，以便提供適合他尺寸或力道的工具，例如在煮菜的時候可以做以下設計。

> • 放置腳踏台、降低東西放置的高度、確保動線安全。
> • 準備孩子順手的刀具。
> • 使用重量和尺寸合適的平底鍋。
> • 在砧板底下鋪溼毛巾，讓它不容易滑動等。

對話076 應用篇

BEFORE▶ **這種時候這麼做就行了**
▼
換句話說
▼
AFTER▶ **媽媽在這裡看著喔！**

POINT 當孩子已經抓到訣竅後，父母就可以慢慢放手，變成
在旁守護的角色

無論什麼事，當孩子已經抓到訣竅時，父母就可以漸漸減少干預，在旁守護就好。

如果孩子看起來有點不安的話，父母可以用眼神或輕輕點頭，給孩子一點勇氣。

若父母可以從頭到尾陪伴孩子，直到孩子能夠自己獨當一面，相信孩子會一步步走向「獨立」。

 教 養 小 祕 訣

幕後人員「黑子」的定律

「黑子」是指舞台劇的幕後人員，他們會悄悄提醒演員台詞，不讓人發現的快速交換現場道具，有時候還會跟演員穿同一件衣服一心同體，是舞台裡不可缺少的靈魂人物（也被稱為「提詞人」）。

我時常覺得父母就像幕後「黑子」的角色，都是為了讓主角更容易行動所存在的角色。

就算孩子有點笨拙，但父母就像「黑子」一樣，從孩子後方給予支援，並告訴孩子這些行為的訣竅，不論是扣釦子、綁蝴蝶結或是轉輪盤等，相信孩子會更順利學會這些事。

對話077　基礎篇

BEFORE　**動作快點！**

換句話說

AFTER　**可以慢慢來**

POINT　先讓孩子放心再加快速度。若覺得焦慮，就不要去看

　　或許對急性子的人來說，沒有什麼比「等待」一個我行我素的孩子，還要高難度的事了。更別說當父母都已經精疲力竭、沒有多餘心力的時候，更是難上加難。

　　但是，如果父母沒有耐心等待，不擅長迅速處理事情的孩子和容易分心的孩子，反而有可能會因為感到壓力，使大腦的處理速度變得更慢。

　　這時，可以嘗試跟孩子說一些讓他安心的話，例如「可以慢慢來」、「我等你」、「沒關係」等。

　　透過冷靜的準備，有時速度反而變得更快，況且其實遲到幾分鐘的時間，應該不太會造成生活中多大的破壞。

　　不過，當看著身旁拖拖拉拉的孩子時，總是會不耐煩、覺得焦躁的話，這時刻意「不看」也是一個辦法。

　　跟孩子說聲「你準備完後，再告訴我」，然後稍微離開，一邊做其他的事，例如把乾淨的衣服摺好，然後一邊等著孩子，有效的度過這段時間會比較好。

節省時間的技巧

在繁忙的早晨，如果父母可以透過一些技巧，節省出1、2分鐘的時間，就可以讓孩子有更充裕的時間準備。例如以下方法。

- 孩子要換的衣服和要帶的東西，在前一天晚上就準備好。
- 早餐準備得簡單點，以能馬上吃完的食物為主。
- 在家門口準備好帽子、外套、手帕、雨傘等用品。

對話078 變化篇

BEFORE 〉 只剩下〇分鐘而已喔！

換句話說

AFTER 〉 我可以再等你〇分鐘喔！

POINT 當無法耐心等待的時候，只要稍微改變一下講話方式，聽的人也會有不同的感受

當孩子上學快要來不及時，如果父母對孩子講的話能從「只剩下〇分鐘」，換成「我等你」，孩子反而可以冷靜的準備。

因為孩子一緊張身體就容易變僵硬，所以即使聽到的話只是有點不一樣，也能讓孩子更容易行動。

如果擔心會讓一起上學的朋友等待，就事先告知他們：「如果我們家的孩子有點晚，到〇時〇分的時候（請參考各校的規則），請你們照常出發，不用等他喔！」這麼一來父母也會比較輕鬆。

理性溝通

對話079 基礎篇

BEFORE ▸ 你到底要弄到什麼時候！

▼

換句話說

▼

AFTER 如果5分鐘內完成，等等就可以玩10分鐘喔！

POINT 把能獲得的好處，理性傳達給孩子

多數孩子都是如此，對自己喜歡的事才會感興趣，尤其是特別執著的孩子，或是專注力隨興趣多寡而不同的孩子。相反的，孩子對自己不太感興趣的事（例如，寫國字的作業、掃地、整理等），可能無法積極參與、容易分心，會浪費很多時間。

就連大人也一樣，對不感興趣的事，都需要花更多的時間來處理（例如家長會裡有些沒效率的作業方式）。

這種時候，孩子可能會覺得這些事是「浪費時間」或「無聊」，所以父母可以花點心思，找出對孩子來說是好處的事，並用他們能夠理解的方式，告訴孩子：「若完成○○（事情），就可以做○○（事情）。」增加孩子的動力。

如果孩子是理性思考的類型，可以用具體的數字、圖表等邏輯性的說明方式。

只要孩子感受到有好處，很多事情都可以被快速解決。

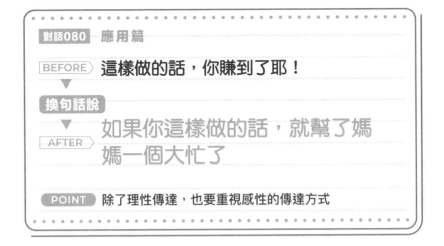

對話080 應用篇

BEFORE 這樣做的話，你賺到了耶！

換句話說

AFTER 如果你這樣做的話，就幫了媽媽一個大忙了

POINT 除了理性傳達，也要重視感性的傳達方式

　　雖然有些孩子較為理性，但對於較感性的孩子來說，使用計算得失或具體數字呈現的方式，反而可能引起他們的反感。

　　舉例來說，有些大人不知道為什麼會比較想買寫著「庫存有限」這類沒有具體銷量的商品，而不是寫著「熱銷100萬個！」並成堆鋪貨的商品。

　　對於情感豐富且善良的孩子，我認為用正面的情感來傳達會比較適合，例如這樣告訴孩子：「若你幫忙做○○（事情）的話，就幫了○○（名字）一個大忙！」「大家都會很高興喔！」「房間變乾淨後心情會很好！」

　　另外，（稍微貪心一點）即使是傾向理性思考的孩子，當他們的情感面得到發展時，逐漸向他們傳達「這世界上所有的人事，並非都用計算得失的方式來衡量」也是很重要的。

　　例如對孩子說：「落葉堵塞了水溝，雨水就會溢出來，所以如果我們把它清理乾淨的話，鄰居的阿公也會感謝我們的幫忙！」然後一起清理附近的排水溝。

　　逐步帶孩子學習幫助他人、相互支援，同時搭配邏輯性的解釋，父母以身作則，引導孩子怎麼做，效果會更好！

Q 雖有發展障礙的診斷證明，但想要在一般班級中申請合理的支援，應該怎麼做才好呢？

A 首先用「小支援」來累積孩子「做到的實績」。

根據日本2016年開始執行俗稱《身障者歧視禁止法》裡有提到，有LD（學習障礙）的孩子可以要求學校提供一些「合理的支援」，例如在課堂期間使用IT機器閱讀教科書及輸入文字、考試時使用電腦、到其他教室考試、代讀、代寫，延長考試時間等。

　　另一方面，實務中，教師長時間工作和人手不足等問題可能會讓人感到「過度負擔」，還有不同地區、學校或教師，對於發展障礙的理解和支援體制可能存在著差異，甚至在一般班級中若申請支援時，還可能會被說「只有某某同學而已，太奸詐了」等，因此有些孩子可能會面臨難以獲得所需支援的情況。

　　我建議先有禮貌的請求學校給予不會造成學校負擔的「小支援」、「不刻意的支援」，慢慢累積「做到的實績」。

　　拜託的訣竅就是從簡單的提醒開始，「當孩子分心時，老師若可以提醒他一聲『現在，我們在做○○喔』就太感謝了。」提供具體方案給老師是不錯的開始。

　　如果想讓孩子帶輔助道具到學校，請先在家裡做好準備，並讓孩子熟悉道具後，再把使用情況告訴老師：「孩子在家寫作業時，坐在平衡枕上比較能靜下心來，請問可以將平衡枕帶去學校嗎？」

　　說明「在家這樣做就做得到」，這樣老師也會比較容易理解，只要能減輕負擔，即使是小事也有很多可能性，而且如果能累積「某某孩子這樣做就能和大家做一樣的事」這樣的實績，相信會更容易獲得學校的理解。

活用孩子的興趣和喜好

對話081　基礎篇

BEFORE　洗完澡快從浴室出來！

換句話說

AFTER　晚餐是炸雞喔！

POINT　若是有興趣的事，孩子會更有動力

有時候，因為父母有自己的行程，所以遇到孩子拖拖拉拉而難以進行時，對父母來說也很困擾。

不過，對孩子來說，若是自己有興趣的事就會有動力、可以馬上動起來，孩子是很現實的生物。

舉例來說，當孩子洗澡遲遲不肯從浴室出來，因此拖延家族共進晚餐的時間時，如果晚餐中有孩子喜歡的食物，就可以跟他說「今天晚餐有炸雞喔」、「只有五個，先來先贏」等，如果孩子喜歡某個偶像，也可以說「電視正在播放○○（名字）的節目喔」、「○○（名字）的戲馬上就要開始囉」等，孩子可能就會馬上飛奔而來。

興趣和喜好可以說是生命中的動力來源。因此真正患有嚴重憂鬱症的人，會對任何事情都失去興趣和喜好。

這些孩子感興趣的事物，在孩子有點麻煩或懶散時，可以用來做為鼓勵。

BEFORE 為什麼不能老實的和好呢？

換句話說

AFTER 在《航海王》裡，當魯夫跟騙人布發生爭執時……

POINT 用孩子喜歡或身邊的事為例，孩子會比較容易理解

　　雖然孩子對父母的道理或者勸說可能沒有太大興趣，但如果用他們喜歡的事物或身邊的事物來比喻，清楚簡潔的說明，相信他們就比較容易理解並且接受這些道理。

　　不論是和朋友吵架時的和好辦法，或是社會制度、生活中重要的事，若是用身邊熟悉的事物舉例說明的話，孩子就會恍然大悟：「啊，原來如此！」

　　例如，孩子喜歡的漫畫或動畫、崇拜的運動員或模特兒的故事，或是一些有趣小知識。對石頭感興趣的孩子，可以跟他講石頭的事；喜歡歷史的孩子，可以分享武將的事蹟等，這樣一來，就算是有點複雜的話題，他們或許也能聽得進去。

　　在學習方面也是一樣的道理，如果只是以教科書為中心的被動式講課，孩子可能會感到無聊。但如果能引用日常生活中身邊的例子，像是「冬天時，爸爸的眼鏡偶爾也會產生白霧吧？那就跟這個是一樣的道理」，或是舉一些「常有的」實際體驗為例，會比較容易引起孩子的興趣和好奇心，認真聽課（附帶一提，本書的「教養小祕訣」專欄也是同樣的用意，以身邊的例子來做說明）。

　　如果平時能多注意孩子感興趣和身邊的事物，就更容易透過舉例來引導孩子學習和成長。

Q 孩子對喜歡的事能夠集中注意力，但學校成績卻不太好。最近，似乎對學習開始感到厭煩。

A 如果能找到適合孩子的學習方式，我確信他也能做得到。

我 深信不論是對於無法專注於沒興趣事物的ADHD型孩子、只對特定領域表現出濃厚興趣的ASD型孩子，或不適合統一教育式學習風格，並有LD傾向的孩子，世界上有很多孩子都能夠證明，只要找到「適合他們的學習方式」就可以讓他們學習得更好！

這樣的孩子們常常無法適應學校「跟大家一樣」的方式，經常累積「做不到」的經驗。這不僅在成績方面有問題，還會面臨周遭的責備、大量的作業和上補習班的壓力、被朋友嘲笑等痛苦，這些經歷會讓本來充滿學習意願的孩子，逐漸對學習產生負面的印象。

這樣的孩子，如果父母花時間以孩子的興趣為中心，探索「適合孩子的學習方式」，就會看得到出路。首先，要仔細觀察孩子的日常生活，如果他喜歡遊戲，就詳細問他：「特別喜歡哪個類型的遊戲？」如果是「模擬類型的遊戲」，就試著買一些戰爭歷史遊戲等，嘗試刺激孩子對知識的好奇心。

除此之外，從孩子集中注意力的時間、目前迷戀的事物、成績單中比較好的科目，以及年幼時熱中的遊戲等訊息，也可以找到「適合孩子的學習方式」。很重要的是，如果學習方式適合孩子，那父母也要由衷相信，他們是「做得到的孩子」。

CHAPTER 3 讓孩子聽得懂的對話法

擬人化

對話083 基礎篇

BEFORE 飯菜掉出來了！

換句話說

AFTER 胡蘿蔔逃走了！快抓住它！

POINT 轉換思維，以幽默方式回應

　　吸引孩子的興趣還有一個技巧，就是「擬人化」。如果能轉換思維，改變看事情的角度，再稍微變化表達方式，其實有很多能讓孩子覺得有趣、增加動力和建立信心的事情。

　　特別是當孩子失敗的時候，若能幽默的回應他，孩子也更容易切換情緒。例如以下例句。

- 當孩子出門準備進度落後時→「小兔子的襪子在對你說『○○（名字），帶我一起去啦！』」
- 希望孩子一起幫忙做菜時→「可以幫我脫掉玉米的衣服嗎？……停，色狼～！」
- 當孩子摔倒時→「地球太想親○○（名字）了。」

　　平時，父母如果像對待家人般對待孩子喜歡的玩具，例如幫玩具蓋上棉被，我想孩子們會感受到像對待自己一樣開心。

使用擬人化進行親子對話

　　讓我們舉一些具體的例子，來示範如何用擬人化進行親子對話的高級技巧。例如，當孩子晚上睡覺前不想刷牙時，父母可以表演一些小劇場，或許會讓調皮搗蛋鬼可以乖乖配合，例如：

「嗯？稍微把嘴巴張開點，給我看看！」

「啊。」（張開嘴）

「啊～！蛀牙菌他們好開心，他們說『耶！今天太豐盛了！有漢堡，太感謝了！』」

「真的嗎？」

「嗯。他們又說『現在因為大家正開心的辦舞會，請不要刷牙喔！』」

「啊～！」（開始刷牙）

「哇，住手～！我們很喜歡○○（名字）耶，好想一直跟他在一起，拜託請不要刷牙啦！」

（刷牙聲）

「『糟糕了！大家快躲到角落去！在這裡的話，就不會被發現』（仔細看孩子的嘴裡後）......啊！居然躲在這些牙齒的中間和臼齒裡面！」

（刷牙聲）

「啊！請不要沖水！我們一起生活嘛！」

（漱口聲）

「哇啊啊啊啊啊……啊啵啵啵。」

「已經，沒有了嗎？」（露出牙齒）

「嗯。」

（得意的微笑）

　　就這樣，一件事情解決了（笑）。

在照顧幼小孩童的生活作息（打理衣著、看病或是治療傷口等）及叮嚀孩子的時候，擬人化的方法非常有用。

給孩子或自己的身體部位取名字，可以在輕鬆有趣的氛圍中順利完成打扮和整理，也可以幽默的傳達父母的提醒。例如：

* 為孩子的肚臍取名為「肚臍先生／小姐」，讓他穿內衣和蓋棉被時可以說：「肚臍先生／小姐覺得冷了，給他穿衣服、蓋好被子。」
* 當孩子有點感冒時，可以說 「肚臍先生／小姐，我要聽聽你在說什麼，喂？」然後將耳朵貼在他的肚子上聽聽看。
* 將自己的三層肚子肉比喻成「鬼」，用手掐住腹部，然後用低沉的聲音說：「有沒有這麼晚都還沒睡覺的孩子啊啊啊啊！」
* 當孩子的手肘或腳跟變得乾燥粗糙時，你可以稱呼它們為「乾燥小子們」，然後說：「大家一起來擦保溼乳液喔，排隊排隊！」

明白了嗎？擬人化的技巧非常好用！能夠增加趣味性，讓孩子樂於配合！

連我自己也會在下雨天時說：「太陽說今天不用洗衣服。」或者在忘記按下電鍋開關煮飯時說：「今天電鍋不想煮飯了，沒辦法，我們來叫外賣吧！」活用這些技巧來推託掉一些家事（笑）。

把叮嚀變成問答遊戲

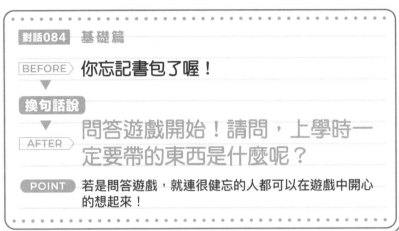

對話084 基礎篇

BEFORE 你忘記書包了喔！

換句話說

AFTER 問答遊戲開始！請問，上學時一定要帶的東西是什麼呢？

POINT 若是問答遊戲，就連很健忘的人都可以在遊戲中開心的想起來！

所有孩子都會覺得有趣的對話技巧，就是「問答遊戲」。

特別是經常忘東忘西或個性急躁的孩子，用問答遊戲的方式來提醒他們，可能比多次叮嚀或譴責來得更有效果。

例如，早上手忙腳亂、準備空手前往學校的孩子，你可以這樣問：「請問上學時，需要帶什麼東西呢？」他們也許就會立刻想起來（不過有時候可能也會回答「只需要便當盒就好」之類的）。

另外，還可以用選擇題的方式提問：「音樂課需要用的道具是……1.指揮棒2.直笛3.竹輪，是哪一個呢？」或者在問題中給予提示：「在游泳池，如果你沒有穿，女孩們會『啊』尖叫的東西是什麼呢？提示，這裡的『啊』不是指『哇！太好了』的意思喔。」

每天早上，父母們往往急著出門，沒有太多時間，親子之間可能有些緊張，但只需要活用簡單的問答遊戲，就可以改變整個家中的氣氛。

💡 防止忘記東西的辦法

　　如果孩子每天都忘記帶相同的物品，漸漸變成了常態，可以在大門口貼一張給孩子的問答題，或是在手機的鬧鐘和提醒功能中加入聲音提醒，也是節省力氣的一種方式。

　　對於經常忘記隨身物品（上學時／放學時）、提交物品（作業、通知單、家長會出席表、繳費單等）的孩子，父母也可以使用以下技巧：

- 製作一張「回家物品清單」並貼上在書包的蓋子內側。
- 用夾層和卡片當做標示物貼在聯絡袋上，當有重要的提交物時，翻轉卡片，用醒目的顏色表示「有提交物」。
- 在同一科目（教科書、筆記本、練習本等）的書脊上貼上顏色區分的貼紙，例如國語是紅色、數學是藍色，以便整齊排列。

- 使用在平價商店裡買來的托盤，設計一個「收到的文件，回家後立即放在這裡」的地方。
- 在文具箱裡準備好備用的鉛筆盒和筆記本。
- 國高中的學生可以自己用便利貼或是記事本製作「作業、提交物和帶回物品的清單」，並將其放在透明筆袋裡。
- 請學校讓學生在置物櫃裡可以放常備學習用品。
- 在孩子的手腕上貼上 OK 繃，並在上面寫上愛意跟「記得把錢交出去」的訊息。

Q 因為孩子經常忘記帶東西，所以父母依照學校的時間表，把東西都準備好給孩子，這樣是否過度保護孩子呢？

A 這是取決於孩子的個性和情況來判斷。慢慢降低干涉的話就沒問題！

經常犯「粗心錯誤」的孩子，往往容易忘東忘西。

雖然時常聽到大家說「只要親身經歷過困難的經驗，就不會再忘記」，但其實這是適用於「懂得觀察周遭學習」、「在失敗中覺醒」類型的孩子。所以，當面對不太容易注意到周圍情況的孩子，就無法只對他們說「下次再注意」之類的話就好。

然而，真正令人擔心的並不是孩子忘記東西，而是他們因此經常受到老師的關注和指責，或者讓同學每天都看到這樣的情景。

這樣的孩子在其他場合也容易受到注意，如果他們一直受到責備，也會對上學感到困難和痛苦。

因此，為了避免這樣的狀況發生，減少孩子在學校被責罵的次數，「暫時」幫孩子準備物品也是一種方法。

我不認為這樣是「過度保護」。

但是，當然也不可能一直都由父母準備。因此父母只要有時間的話，就和孩子一起依照時間表做整理，或者讓孩子自己先試著整理後再由父母檢查，如此逐漸減少干預，放手讓孩子獨立完成。舉例來說，我就曾將所有的教科書和文件都放在地上，就像日本的「歌牌」遊戲一樣，我唸出時間表，然後孩子們開心的把書和文件整理好。

為了減少大人的過度責備並增加孩子能力，這樣的協助並不是「過度保護」，而是一種「輔助」。

CHAPTER 3 讓孩子聽得懂的對話法

讓孩子能「看見」時間

對話085 基礎篇

BEFORE 吼，差不多該結束了啦！

換句話說

AFTER 你看，只剩下這些時間了喔！

POINT 「眼睛看不見的東西」是無法感受的

　　有很多孩子難以意識到時間、氣氛、潛規則、心情這些概念，甚至是工具箱裡的東西，這些都是「眼前看不見的東西」。

　　對這樣的孩子來說，他們認為「看不見的東西就跟沒有是一樣的」（這是我大兒子說的）。

　　這類型的孩子通常在視覺方面比較敏銳。因此把看不見的事物「變成看得見」就是關鍵！

　　關於社會規則和人際關係間的對話法，我會在第5章詳細說明，這裡主要說明時間管理上的基本對應。

　　例如，當孩子全神貫注的玩耍，導致下一個預定活動即將受到影響時，「快要」的字眼對他們來說並不容易理解。

　　這時候就可以使用一些「可以看得到時間」的東西，像市售計時器、手機計時器的應用程式、沙漏等，設計成可以一目了然顯示剩餘時間的工具，並在使用的同時提醒孩子「你看」，讓孩子看到具體化後的時間，孩子就更容易理解了。

　　此外，實際物品也建議採用「看得見的收納法」，例如選擇透明的收納盒，可以將裡頭看得一清二楚。

防止忘東忘西的辦法

讓剩餘時間「看得見」的小技巧

- 非電子的機械時鐘旁邊，擺好已標示「結束時間」的紙時鐘或是已拔掉電池的時鐘。
- 在桌立式時鐘的壓克力蓋面上，用白板筆直接寫上開始時間和結束時間。

讓時間「聽得見」的小技巧

- 透過手機或智慧型喇叭，設置鬧鐘或提醒功能，倒數提醒「還剩 5 分鐘」、「還剩 1 分鐘」等。
- 在「五分鐘的整理時間」期間內播放固定的音樂。

還剩 3 分鐘～

在生活中注意到時間的小技巧

- 在電子鍋、洗衣機、浴缸等家電上設置定時器，在特定時間啟動煮飯、洗衣、放水等功能。
- 在電腦、手機遊戲機、智慧型手機等電子裝置上，設置定時開關或限制使用的功能。
- 家人每天在相同的時間做一樣的事，為孩子分配家裡職責。
  （每天早上〇點時，跟上班／上學的家人說聲「一路平安」，晚上〇點時，指派關燈／鎖門的「負責人」等）

透過這些小技巧讓孩子變得會在意時間，日常生活就會更為順利。如果生活節奏穩定，相信身心也會更健康。

CHAPTER 3 讓孩子聽得懂的對話法

送客儀式的法則

稍微跟大家分享一下，這是我閒話家常時聽到的難忘小故事。

在學生時期，我在 CD 唱片行打工，每當到打烊時間，店內就會啟動「送客儀式」，這是商店用來提示顧客回家的一種方法。

首先，將目前為止在店內播放的背景音樂慢慢關掉。

接著播放費玉清的〈晚安曲〉，配合燈光逐漸轉暗，工作人員開始打掃，店長故意搖晃零錢聲響，一邊結算帳目。

大部分的人會因此回家，但也有一部分「不會察言觀色的人」，沉迷於喜歡的音樂中，還留在店裡。

接下來，隨著〈晚安曲〉的音樂響徹全場，燈光漸漸熄滅，工作人員陸續離去，不知不覺間，就只剩下中年大叔店長和一、兩位員工，人幾乎都走光了。

這種情況下，每個客人都會匆忙趕著離開吧。

但是還有一個人，當店內漸漸安靜下來，連〈晚安曲〉也播放完畢，只剩一盞聚光燈照著試聽區，一位固執的學生還獨自留在那裡，繼續聆聽他的前衛音樂。

這時店長小聲說：「這樣的人，將來必能成大器。」接著，他輕拍那學生的肩膀並催促他：「該回家了。」沒想到那學生這時才驚覺自己周圍的環境，似乎感到非常驚訝的樣子。

「不被周圍影響」或許也是一種才能吧。

Step 49　把叮嚀視覺化

對話086　基礎篇

BEFORE 〉**你到底要讓我說幾遍！**

▼

換句話說

▼

AFTER 〉**你看！這裡寫了什麼呢？**

POINT 把經常碎念的話，寫在紙上張貼出來

CHAPTER 3 讓孩子聽得懂的對話法

　　父母反覆叮嚀孩子，但孩子完全聽不進去，有時父母也因此感到很疲憊、沮喪，這樣的父母應該不少吧（我也是）！

　　但根據我的大兒子所說：「言語會消失。」所以，即使我們不斷重覆提醒，孩子也不一定會記得，這種情況，可以透過「言語視覺化」來避免忘記。有些孩子不擅長聽別人說話，但因視覺接受能力較強，所以只要能看到文字，應該就能夠正確理解其中的意思。雖然這樣有點麻煩，但比起說100遍一樣的話，我相信這是更有效率的方法。

　　我們可以將常常碎念的話寫在紙上，貼在經常碎念的地方。例如馬桶蓋、門後、電視螢幕的邊框等位置，確保孩子一定會看到。

　　最好將注意事項盡量寫成「要做○○事情」，而非「不要做○○事情」。同時，若在字條上附上小插畫、照片、圖片或圖示，更能夠吸引孩子的注意力，效果倍增。

　　這樣一來，我們只需要說「你看」，然後指向這些提示，孩子就會明白該做什麼了。

言語「可視化」的小技巧

- 在紙上或膠帶上寫下「家規」或訊息，並張貼出來。
- 在家裡活用市售的標誌（例如「禁止觸碰，危險！」等）或貼紙（例如刷牙或洗手等）。
- 把學校帶回來的傳單（例如衛生保健傳單等）或小冊子（例如防災、交通禮儀等）剪貼到牆上。
- 指著公共設施、商店等的標誌、招牌或告示牌的注意事項，並與孩子確認「你看，這裡有寫喔！」
- 一邊對話一邊寫在紙上（此時，若畫出圖表、流程圖、插畫、數字等輔助對話內容，孩子們會更容易理解）。
- 關於某件事，更詳細的部分可以讓孩子看書籍、漫畫、圖鑑等，同時指出「這本書的這裡也有寫到」。
- 父母跟孩子討論後，將約定事項製作成「規則手冊」。
- 寫下一封「充滿愛意的家長手寫信」（也可以透過電子郵件或是訊息發送）。

謝謝你保持乾淨！

馬桶蓋底下

規則手冊

此外，還有一項重要的事──當孩子太習慣看到貼紙，將之當成背景的一部分後，就會漸漸的忽略它們。

這種情況下，建議重新編寫、改變位置或顏色，添加新的視覺效果，或採取其他方法進行更新。

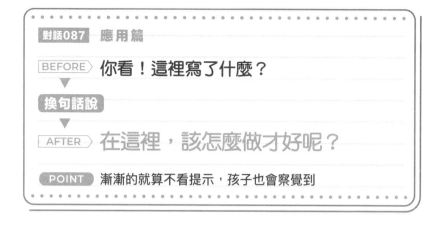

對話087　應用篇

BEFORE　你看！這裡寫了什麼？

換句話說

AFTER　在這裡，該怎麼做才好呢？

POINT　漸漸的就算不看提示，孩子也會察覺到

當孩子逐漸熟悉「在這種情況下應該這樣做」、「在那個地方應該這樣做」後，若可以讓孩子在看到注意事項前，就意識到並記起相關的規則，那就更好了。

例如，在「禁止飲食」的地方，孩子正要喝果汁的時候，可以跟孩子說：「這裡，飲料該怎麼辦才好呢？」如果孩子還是沒有注意到，那麼只要指向注意事項就可以了！

當孩子漸漸能夠「不用說」、「不用看」也能察覺時，我相信父母碎念的次數也會減少許多。

同時，雖然有些孩子容易「忽略言語」存在，經常忘記父母說過的話，但也有些孩子的聽覺敏感，因此「不容易忘記言語」，會記住父母說的話，但因為分辨重要和不重要的資訊處理能力較弱，所以父母若不斷說教，可能會對這樣的孩子產生較大的傷害。

在這種情況下，可以把要點簡化成一句話，或者最後總結一下，說：「最重要的就是這個！」

在紙上整理出要點並做成清單也是不錯的方式。

具體描述孩子的感受

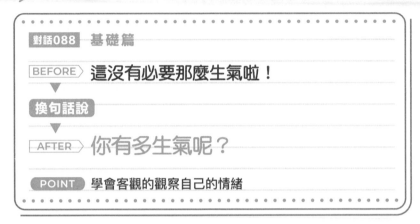

當孩子能夠客觀理解自己的情緒，才能培養自我控制的能力，也就是跟自己好好相處的能力。

因此，建議父母或周圍的大人先好好理解孩子的情緒，同時也培養孩子去認識自己的情緒，養成自問「現在，我的情緒是什麼」的習慣。

不過，孩子有時候可能不清楚自己的情緒，或無法用目前所知的單字來說明，導致難以準確的表達讓對方理解。尤其是在哭泣、生氣、焦慮或困惑時更是如此。

這時可以等孩子稍微冷靜下來，詢問孩子：「你有多生氣？」了解孩子情緒的程度。如果可以使用比例尺、圖像、表情、肢體、數字等方式，將無形的情緒「視覺化」，讓孩子用自己的言語表達出來，讓對方理解：「原來那件事這麼討厭！」相信孩子會因為能準確的表達出情緒而感到安心。

讓情緒看得見的小技巧

　　將情緒「視覺化」的最有效方法就是採用「比例尺」的方式。將情緒數字化後，就更容易了解自己現在情緒的強度。

　　以下是運用一些小道具的技巧：

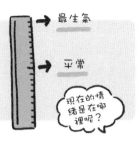

- 使用身邊的溫度計、直尺等物品，詢問孩子「最生氣的時候是在這裡，而平常是在這裡的話，現在的情緒是在哪裡？」並請孩子指出來。

　　使用插圖做為溝通媒介，或自己畫圖也是方法之一。

- 製作一張帶有插圖的「情緒一覽表」，然後把這張表給孩子看，一邊聊天一邊詢問：「你現在的感覺是怎麼樣呢？」
- 讓孩子自由畫出「現在的心情」，然後邊看邊跟孩子討論。

　　若手邊沒有適合的東西可以運用，也有以下這些方式：

- 透過肢體語言，兩指捏緊或伸展雙臂，詢問孩子：「是這麼討厭呢？還是這麼討厭？」
- 參考孩子過去的經歷，討論時透過「數字化」的方式，對比孩子已經克服的事情，例如問孩子：「如果一年級運動會接力比賽輸的心情，假設為 10 的話，那麼現在令人懊悔的程度是多少呢？」

練習讓情緒和面部表情一致

如果親子間常有誤會，溝通不良，原因可能是：

- 孩子難以準確讀取他人的表情。
- 父母的表情和情緒不一致，導致孩子很難理解。

可以推測是哪個原因（或兩者兼具）。首先，觀察自己的表情和情緒是否一致，可以在鏡子前檢查以下幾點：

- ☑ 就算你是在笑，對方也覺得你在笑嗎？
- ☑ 就算你是在生氣，會不會看起來像是在笑呢？
- ☑ 你能夠在開心或悲傷的時候，分別使用不同的表情嗎？

如果情緒和表情不一致的情況很多項，這可能是造成誤會和分歧的源頭。

特別是對於幼童及那些難以從表情準確讀取對方情緒的孩子來說，模稜兩可的表情，只會讓他們更難以理解。

透過鏡子或自拍的方式檢查，練習使人容易理解的表情，這將會大大提升你的溝通能力。

- 張開嘴巴，做出「ㄚ・一・ㄨ・ㄟ・ㄛ」的口型。
- 練習「面部肌肉運動」，如嘴角向上向下動作、眼角及眉間做出皺紋、眉毛向上向下動作、下巴做出梅干狀等。
- 有意識的關注自己眼睛的動作，練習「微笑」、「感覺有興趣的凝視」、「困惑」、「似乎不開心的樣子」、「用銳利的眼神盯著」等動作，直到可以隨意做到。

最後就是實踐！表情豐富的人會給人留下良好的印象。

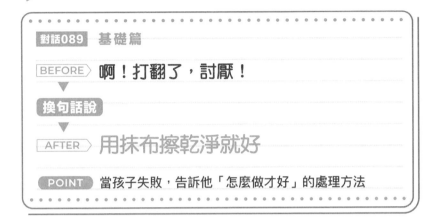

對話089 基礎篇

BEFORE 啊！打翻了，討厭！

換句話說

AFTER 用抹布擦乾淨就好

POINT 當孩子失敗，告訴他「怎麼做才好」的處理方法

人活著總會犯錯，就算是精密的機器也會故障或是出現問題，何況是還未成熟的孩子，犯錯更是在所難免。

相較於指責孩子犯錯，若能快速處理問題並矯正錯誤，才是更實際的做法！

例如，孩子若無意中打翻餐桌上的茶或味噌湯，可以具體的引導他們：「用抹布擦乾淨就好。」「可以把餐具拿到洗碗槽嗎？」，盡可能讓孩子自己善後。

父母剛開始可以跟孩子一起善後，為他們示範正確的處理方式，這樣會讓孩子學得更快。等孩子學會這些解決方式以後，就只要「嘿，給你！」拿出抹布給他們就好了。

如果孩子能知道面對失敗的處理方法，他們就能夠冷靜應對。如果他們能自己好好善後，那麼父母的怒氣也能減輕不少。

若能讓孩子學會如何處理失敗，人生就會少些恐懼。

「失敗處理手冊」和打掃用具

　　每次孩子犯錯，父母都要反覆告訴他們如何處理，其實是滿辛苦的事，因此製作一本「失敗處理手冊」讓孩子隨時參考，能為父母節省不少力氣。

　　尤其是比較笨拙、不擅長隨機應變或比較無法接受失敗的孩子，這本「失敗處理手冊」能讓他們感到安心、不害怕犯錯，進而拓展他們的行動範圍，所以十分建議父母嘗試製作看看。

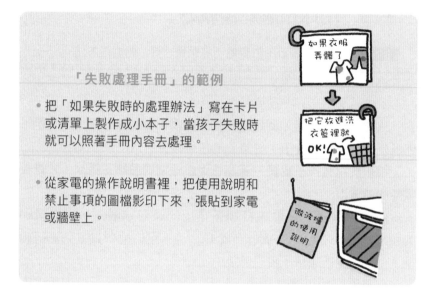

「失敗處理手冊」的範例

• 把「如果失敗時的處理辦法」寫在卡片或清單上製作成小本子，當孩子失敗時就可以照著手冊內容去處理。

• 從家電的操作說明書裡，把使用說明和禁止事項的圖檔影印下來，張貼到家電或牆壁上。

　　另外，設法使用一些小道具，可以預防犯錯並快速收拾善後。例如用餐時很容易打翻湯碗，可以採用以下方法。

• 把掃帚、畚箕、抹布、溼紙巾和垃圾桶等打掃用具放在餐桌旁。
• 使用防滑餐墊和杯墊。
• 湯碗和杯子固定放在桌子最內側、外出用餐多帶幾條毛巾等。

Q 孩子非常笨拙、經常失敗，常讓我覺得「為什麼這麼簡單的事都不會」。

A 如果孩子出現極度笨拙的情況，或許可以評估是否有 DCD（Developmental Coordination Disorder，發展協調障礙）的可能。

事實上，常常聽到的「笨拙」、「運動白痴」等，在極端的情況下，很有可能是發展障礙的一種，簡稱為DCD傾向。

在學校，如果一個孩子需要花費很長時間寫字，或是不擅長運動和實作的科目，可能會對整體學業成績產生影響，也容易導致他們失去自信。孩子可能會自責：「為什麼這麼簡單的事我都做不到！」怎麼努力也做不到、無法按照自己意願行動，讓孩子感到很沮喪。

在電影《哈利波特》中擔任哈利・波特一角的英國男演員丹尼爾・雷德克里夫（Daniel Radcliffe）也曾經公開過自己有DCD，但他在學校裡失敗與痛苦的經驗，反而激勵他追求職業演員這一條路。DCD雖然是與生俱來的身體特質，但透過專家的治療與訓練，將能有一定程度的改善。父母在家中耐心一步步教導孩子如何動作，孩子會做的事情也會慢慢變多。此外，也可以改善環境或使用工具提高生活的便利性，幫助孩子減少不便，提高生活品質。

如果情況比較輕微，可以在家裡進行全身運動鍛鍊核心肌肉和身體平衡感（例如瑜珈球、游泳、體操等），或是運用市面上販售的協調訓練器材，促進眼睛和手部的協調能力，也可以透過嗜好（例如機械拆裝、拼裝模型、樂高、手工藝等）提高手指的靈活度等。在不強迫自己的情況下，慢慢堅持下去，或許就能逐漸感受到身體的動作變得更自由自在。

CHAPTER 3 讓孩子聽得懂的對話法

設定目標

BEFORE 〉 **作業到底要寫多久！**

▼

換句話說

▼

AFTER 〉 寫到這裡，我們就來吃點心～

POINT 請設定目的地，讓孩子看得到終點

　　孩子似乎有不同類型，有按照順序一步一步累積經驗的「按部就班型」，有同時從多個面向探索與了解事物的「靈感型」（我認為還有一種「實踐型」，他們通常會一邊動手或活動身體，一邊進行思考）。

　　重視效率的靈感型孩子可能會問自己：「為什麼我需要做這樣的事情？」當面對繁瑣乏味的作業時，他們可能無法全心投入。

　　雖然配合孩子的腳步是最好的學習方法，但想要完成眼前的作業，就必須幫孩子設定一個目標。決定「今天要做到這裡」，並在要完成的頁面貼上便條紙，或者依照時間來劃分區段，例如「今天就努力到〇點吧」，或者透過「這裡做完了，就來吃點心」等方式，設定明確的目標。

　　另一方面，對於按部就班型的孩子來說，當作業量感覺很多時，可能一開始就會失去戰鬥意志、想要放棄。在這種情況下，可以將作業分成一半或數等分，逐一完成小目標就好。

達到目標的學習小技巧

「讓目的地看得見」的小技巧

- 製作一張一覽表，將暑假作業或期末考試的學習內容列出來，也可以把學校作業張貼在牆上，完成後打勾確認進度。
- 在課本上使用索引標籤標記。
- 從「為了想成為○○的研究者」、「為了考進第一志願的學校」等目標出發，逆向思考並具體列出現在要做的事。

整理作業步驟和優先順序的小技巧

- 在回家功課和考試範圍的頁面上，按照優先順序跟類別，貼上不同顏色的便利貼，完成後一一撕下。
- 執行一件事之前，先建立步驟清單和流程表，例如：1. 構思、2. 蒐集材料、3. 建造基礎等。

降低作業門檻，讓孩子更容易完成的小技巧

- 將作業對折，僅展示要先完成的部分，或將問題分成一題一題貼到筆記本上，盡量將作業分成幾個小部分。
- 當閱讀寫作的分量過多時，父母可以在國字練習本上提供草稿，用一起朗讀等方式提供輔助。

導航法則

在孩子努力完成目標的過程中，一切所需要的鼓勵和輔助，對我而言就像是「汽車導航系統」。

如果現在要開車去一個陌生的地方旅行，我們通常會先使用汽車導航設定目的地吧？然後導航會顯示「整體地圖」，標示出幾條可能的路線，並且提供行駛距離、到達時間等資訊，讓人能完全掌握接下來要去哪裡、大概需要多久時間，一目了然。

實際開始行駛後，語音導航會告訴我們「再過 500 公尺的某某路口右轉」等路線指示，若開進高速公路的話，也會依照順序列出匝道或休息站。

當開車太久感覺有些疲累時，我們也可以根據導航提供的資訊設定小目標，例如「到達下個休息站就歇一會兒」，或是透過「剩餘〇公里」的提醒，激勵我們努力前進、堅持下去。

如果使用導航還是迷路，或是遇到預料之外的塞車，則可以暫停並確認現在位置，然後修正路線。

若能活用汽車導航，就算是像我這樣方向感很差的人，也大多能到達目的地（雖然也有些人不按導航系統指示，偏愛走小路）。

對於缺乏興趣的孩子來說，「汽車導航系統概念」可以支持他們在成長路上，不容易失去動力、中途放棄或分心走錯路，成為他們完成目標的鼓勵和輔助。

Q 我的孩子平常說話時都很聰明，但在學校上課似乎覺得無聊，所以會在紙上亂畫或在橡皮擦上刻東西。

A 可以在家裡布置一個能發揮興趣和才能的環境。

傳統一對多的授課方式，似乎比較適合「按部就班型」的孩子，但「靈感型」和「實踐型」的孩子卻容易感到無聊。

「靈感型」的孩子可以從他感興趣的部分引導，例如學習歷史，比起按教科書順序從西元前的繩文時代開始講述，倒不如從孩子喜歡的部分開始，若有喜歡的武將就從戰國時代開始學，若熱中戰艦遊戲可以從現代史開始學，將孩子感興趣或身邊的事物做為學習入口，探索更深入的內容，對吸收知識更有幫助。

對於「實踐型」的孩子來說，我認為體驗式的學習，例如操作工具或是動手做實驗，可能更適合他們。但在團體教育裡，要依據每個人特長提供個人化的教育卻很困難（就算是小班教學的特教班，主要也是加強不擅長的領域）。

雖然未來的教育有機會轉為探索和研究為主的學習方式，並且導入ICT（資訊及通訊科技）教育等，但實際上面臨的課題還有很多，例如第一線教學教師負擔很重等問題，而在等待學校改變的同時，孩子也就這樣長大了。

為了不讓孩子失去學習的興趣和動力，建議父母在家也可以引導孩子，像是在家中角落設立一個能發揮長處和培養興趣的空間、準備探索所需的工具和書籍，或是讓孩子參加相關課程向專業人士學習等。

此外，還可以利用ICT相關機器做為孩子學習的輔助工具，或是參訪相關的體驗場所（例如歷史古蹟、觀光工廠、博物館等），都對孩子的學習十分有幫助。

CHAPTER 3 讓孩子聽得懂的對話法

蒐集孩子做到的證據

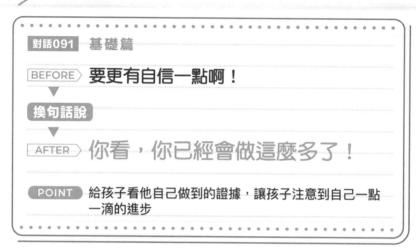

對話091　基礎篇

BEFORE〉 **要更有自信一點啊！**

換句話說

AFTER〉 你看，你已經會做這麼多了！

POINT　給孩子看他自己做到的證據，讓孩子注意到自己一點一滴的進步

雖然希望透過本章節的引導，能增加孩子「我做到了」的次數，但即使如此，孩子有時仍會因為一些小事而情緒低落、耍小脾氣或感到不安。

父母當然希望孩子更有自信，但如果孩子總是把目光放在自己做不到的事情上，即使他們有更多能力，也很難建立起自信心。有完美主義傾向的孩子更是如此。

因此建議父母可以透過「展示證據」的方式，讓孩子看見自己做到的成就，注意到自己一點一滴的進步。

例如，在意自己運動不好的孩子，可以拿出他在學校歷年50公尺的賽跑紀錄，向他指出：「你看，你每年的紀錄都愈來愈快耶！」利用具體的數據，讓他們與從前的自己比較，意識到自己的進步。

就像用柱子量身高做的標記，當孩子清楚感受到自己的成長和進步，「我做到了」的累積將成為真正的實力，逐漸培養真正的自信心。

如何蒐集「我做到了」的證據

　　將孩子的成就透過照片、資料或數據的形式記錄下來,並做為證據保存,日後請孩子跟從前的自己比較,會比較容易也更具說服力。可以善用以下這些小技巧。

整理的方法與範例

- 製作一本專門蒐集「我做到了」的剪貼簿或日記,一天只要寫下一行當日有做成功的事就好。

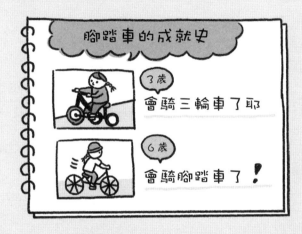

- 設置一個軟木板公告欄或建立家庭社群群組,讓家人可以分享孩子每一件做到的事。
- 將學校的考卷或筆記留存下來,展示給孩子看(不是分數),跟他們說「你看,你現在的字比之前更整齊了」、「計算錯誤的部分漸漸變少了」,對孩子的小進步給予回饋。
- 把孩子的畫作、手工藝品和書法作品裝飾在牆上(數量太多或是立體的作品可拍照留存)。

BEFORE▶ 如果你能夠做到那些，就很厲害了！

▼

換句話說

▼

AFTER▶ 我把茶放在這裡喔！

POINT▶ 正值青春期的孩子或是完美主義的孩子，放著不管也是一種方式

正值青春期較為敏感的孩子，或是追求完美的孩子，他們對於家人的讚美或是評價容易感到「很煩」。

對於這種情況，父母不用過於堅持，也許只需稍微關心孩子的身體，問一聲：「是不是太累了？」或者悄悄放一杯茶就好。

增加孩子「我做到了」的基本3步驟

步驟 1：示範給孩子看
步驟 2：跟孩子一起做
步驟 3：逐漸放手

無論任何事情，只要重複這些步驟，孩子會做的事情肯定會愈來愈多，並慢慢走向獨立，父母的工作也會逐漸減少，生活會變得愈來愈輕鬆。

CHAPTER

建立自律的對話法

終於到了要告訴孩子「不行的事就是不行」的步驟。本章節特別強調過去的經驗累積是非常重要的！

想要對「不應該做的事情」嚴格設立界線，需要建立在親子間愛與信任的基礎上，累積足夠的「我做到了」的經驗並且有一定的自信之後，才能有效的制止這些行為。否則，無論父母選用什麼樣的言語，都無法將心意直接傳達到孩子的內心深處。

如果在這個章節中，你覺得「做得不順」或「孩子不接受」，請毫不猶豫的回到之前的步驟，甚至往更之前的步驟，重新檢視。

Step 54　如果行為太過分，可以生氣制止

對話093　**基礎篇**

BEFORE　喂！

換句話說

AFTER　喂！→一起整理

POINT　對於孩子超過界線的行為，當然可以生氣

　　如果可以的話，在家中試著實踐這些方法，例如：更換視角，改以同理心和肯定的方式與孩子互動，透過不需生氣也能傳達的方式溝通，我相信你會因為明白他們的行為「並非故意」或「沒有惡意」，因此減少對孩子生氣的次數。

　　接下來，對於超越界線的「過分」或「偏激」行為，我們可以一一教導孩子「這是不被允許的」，並進一步建立自律的步驟。

　　首先，我要說的是，如果父母的忍耐超出了極限，生氣很正常。父母是可以生氣的！當忍耐到達極限，或者已經講過三次都無效的情況下，當然可以生氣。

　　建立「如果孩子做了不應該的事情，就會被父母罵」這個簡單的規則，對於幫助孩子學會自律來說，仍然是必要的。

　　除此之外，我認為與孩子一起處理後續的問題、幫助孩子修復錯誤，才是真正「溫柔的父母」。

生氣時的禮儀

老實說，育兒真的不是一件容易的事，因此在面對活潑的孩子時，以「完全不生氣」為目標是不切實際的。

相反的，學習「以最小傷害聰明生氣的」技巧，肯定會在現實生活中派上用場。

技巧 1：先深呼吸

為了避免把身體氣壞，當頭腦瞬間沸騰時，可以先大口吸一口氣，然後「厂丫ˋ」嘆一口長氣後再行動。

技巧 2：盡量簡短！

說教盡量控制在 1 分鐘以內。當孩子變得沮喪時，要果斷結束，需要長時間耐心教導的事情，先等孩子冷靜之後再來進行。

技巧 3：最好是個別教導

盡可能避免在兄弟姊妹或朋友面前斥責孩子。最好移動到另一個房間，或者移到離遠一點的位置，又或者用父母的背做一面牆等，可以為孩子保留一些顏面。

技巧 4：絕不否定孩子人格或存在

禁止使用帶有負面人格的詞語，如「壞孩子」、「不好的孩子」等，以及否定孩子的存在，如「你不該出生」、「你不是我的孩子」等話語，這些是禁語。

技巧 5：不要反覆指責，也不要拖泥帶水

如果生氣一段時間後，還是難以平靜下來，請暫時離開現場休息一下，轉換心情！（參考 Step06，p.38）

Q 我不明白「生氣」和「責罵」之間的區別。當我生孩子的氣時，我會因為不知道該怎麼做而感到困惑。

A 當「生氣」和「責罵」表現過頭時，其實沒有太大的差異。請把最終的目標放在「寬恕」上，而不是表達的方式。

一般而言，人們認為「生氣」就是發洩情緒，「責罵」就是用邏輯來規勸。

父母把憤怒情緒直接宣洩到孩子身上確實不太妥當，但另一方面，過度理性的說教也可能流於冷漠，把孩子逼入困境。

所以我認為如果兩者表現過頭時，其實差異不大。反過來說，只要不太超過，兩種方式都是可以接受的。

另外，當父母太過壓抑自己的情感，例如抱持「絕對不可以生氣」等想法，雖然孩子沒事，父母卻可能有精神崩潰的風險。

因此，教導孩子「如果做了太過分的事，就會惹人生氣」也非常重要。畢竟，未來孩子進入社會後，不是所有人都完美無缺、不會犯錯。

如果可能的話，我認為最好的方法是仔細聆聽孩子的話，以平靜易懂的方式說明「為什麼不能這麼做」的原因，而不是任由自己的情緒爆炸，或是用正當的道理逼迫孩子。但事實上，除非我的狀況非常好，否則也很難做到（笑）。

所以，與其注重情緒表達的方式，不如把最終的目標換成「懂了就好」和「寬恕」的心態，盡快讓孩子恢復正常狀態，這樣才是更有建設性的做法。「重要的不是生氣或責罵，而是之後的處理方式」，一旦這樣想，會不會就感覺比較輕鬆了呢？

緊急暫停的辦法

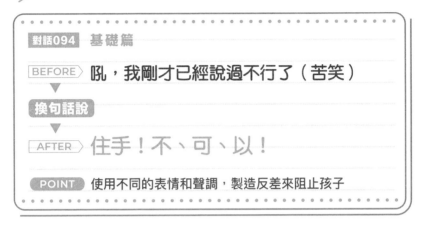

對話094 基礎篇

BEFORE 吼，我剛才已經說過不行了（苦笑）
▼
換句話說
▼
AFTER 住手！不、可、以！

POINT 使用不同的表情和聲調，製造反差來阻止孩子

當孩子在公共場所出現跑來跑去、喧鬧不已、惡作劇等失控行為時，父母就會遇到「我已經嚴厲警告孩子了，但他完全沒在聽！周圍的眼光真讓人難受！」這種狀況令父母十分頭痛。

其實當孩子無法冷靜下來時，我認為背後有很多原因，但為了馬上讓孩子停下來而執行「緊急暫停」，首先要從自己的表情和聲音開始！（參考Step50，p.164）

特別是容易放縱自己或無法理解氛圍的孩子，他們往往無法察覺周圍環境，也不易理解對方表情的含義，因此我們可以透過明確的「表情」+「聲音語調」+「簡短的話語」，讓他們清楚知道「這是不應該做的事」，還可以直視孩子的眼睛，讓他們停止行為。

在日本文化中，常常有人會帶著困擾且含糊的微笑進行規勸，但這樣的行為就是誤會的根源（因為會讓人以為「可以去做」）。

父母的制止是否有效，取決於日常的互動和相處方式。父母認真嚴肅說出「住手」的態度，若與日常相處時有明顯不同，孩子應該就能感受到事情的嚴重性。

CHAPTER
4
建立自律的對話法

181

「嚴肅模式」的使用辦法

接下來，我們可以更具體的探討，對於不聽從父母指示的孩子，「使用哪種表情和聲音才容易制止他們的行為」。「與日常的反差」指的是：

	微笑模式	一般模式	嚴肅模式
① ！ 引起注意	😊	🙂	No! 😣
② ？ 不懂	😊	😊	😅
③ ？ 不懂	🙂	😐	😠

像①這樣，讓嚴肅模式與「開心的時候」、「一般的時候」的反差愈大，連不擅長觀察周遭情況的孩子也愈容易「驚覺」。

但是，對於總是含糊不清笑著的情況②，或總是板著臉的情況③，由於他們無法做出與日常的反差，所以對於「這是不可以的事」，傳達可能不太明確。

同樣的，聲音也是一樣的道理。在「嚴肅模式」的時候，請使用比日常稍低的音調來做明顯的區分。但是要注意，「嚴肅模式」並不是像妖怪般，歇斯底里的怒吼大叫，而是要直視對方並保持冷靜，表現出「嚴肅、認真」的魄力才是訣竅。

以上是基本的方式，但對於懂得察言觀色的孩子來說，即使是在②或③的情況下，他們也能夠理解父母要傳達的意思，因此請依據孩子的情況適時調整。至於在個性上很難做到表情區分的父母，建議一位負責擔任嚴肅角色（黑臉），另一位則擔任開心角色（白臉），也是一個不錯的方法。

緊急暫停只需要一個字就夠了

當孩子的失控行為需要緊急暫停時，首先最重要的是瞬間讓孩子「停下來」，因此使用簡短的話就可以了。

在這個時候，父母若能再加上一些肢體語言，例如輕輕左右搖頭或用手做一個打叉的動作等，孩子會更容易理解。

接著，就像前文所說，要用堅定的目光看著孩子（最好與孩子的目光保持平視），然後嚴肅且簡短的說：「停！」「不行！」這就是緊急暫停時的關鍵。

父母用自己身體去制止孩子的技巧

當孩子的失控行為仍無法停止時，父母只好用自己的身體去阻止，這時可以用以下方式：

- 緊緊抱住激動的孩子（如果孩子失控得快要踢到父母時，可以從背後抱住他）。
- 如果孩子有打人或扔東西等行為，可以用雙手包住孩子的拳頭來控制他，或者按住他的雙肩來限制行動。
- 如果孩子們彼此出現拳打腳踢的狀況時，大人可以介入形成保護牆，把他們拉開，或者使用軟墊等東西當成沙袋，避免受傷。

不過，如果父母無法控制孩子，或者孩子失控行為的頻率或程度已經十分嚴重，不要把問題留在家裡，請盡早向醫療或支援機構、輔導人員等專業人士諮詢。

Q 孩子的班級上有會講粗話、動手打人等不良行為的孩子。那孩子是不是有發展障礙呢？

A 雖然不良行為不等於發展障礙，但那孩子也同樣需要協助輔導。

在 學校或其他地方做出不良行為的孩子，並不代表他們都有「發展障礙」。

事實上，許多有發展障礙的孩子都很溫柔安靜，而且他們透過周圍的理解和支持、家庭的照顧，還有孩子本身的成長和環境等因素，會慢慢變得穩定，有些孩子甚至沒有不良行為。

相反的，因為不當的教育、過去的經驗、過度的壓力、不安和緊張等後天環境上的因素，就算沒有發展障礙，也可能表現出與發展障礙類似的特徵，還有一些難以明確診斷、處於灰色地帶的孩子，有時負面因素可能會表現得更加突出。因此，除非是專業醫生，否則僅從表面行為無法判斷「是否真的為發展障礙」。

此外，大眾對發展障礙的負面印象，也讓需要就診的家庭和孩子陷入猶豫不決、拒絕接受診斷和支持等困境。

然而，如果對方孩子的不良行為，實際上對我們的孩子產生了負面影響，做為父母當然無法保持冷靜，而對方的孩子無論是否有發展障礙，我想都需要某種形式的（大人的）援助。

在理想情況下，將不良行為的孩子引介到適當的醫療和支持機構，會是最好的辦法，但對方的家長可能並不願意接受。

如果對方家長不願意接受，最好是向學校輔導員等人具體告知事實並商量，同時教導孩子在現實生活「保持距離」的方法。父母、學校和周圍的人一起採取行動，對孩子來說會更好。

停止孩子的行為

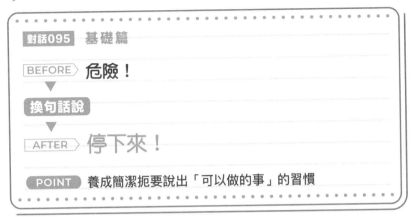

對話095 基礎篇

BEFORE〉危險！

▼

換句話說

▼

AFTER 停下來！

POINT 養成簡潔扼要說出「可以做的事」的習慣

　　嬰幼兒、容易手忙腳亂的孩子或是有點笨拙的孩子，無論做什麼都讓人覺得非常危險，讓父母無法完全放心。「告訴孩子什麼可以做」的技巧（參考Step36，p.124）在這樣的情境下也非常有效。

　　如果只是說「危險！」很難讓孩子理解「接下來該怎麼辦」，所以直接用簡潔扼要的方式說「停！」「等一下！」「不要動！」等「可以做的動作」比較好。

　　在瞬間簡潔扼要的講出「可以做的動作」，並不是一件容易的事，所以平時就要養成習慣。然而，對於衝到馬路上等可能涉及生命安全的情況，僅靠言語可能不足以應對，所以在孩子的自律能力發展成熟之前，父母保持「不放手」、「不離開視線」等原則就非常重要。

　　此外，可以像交通指揮員一樣，用手掌指向正確方向、前後搖動雙手、上下移動手臂，或把手臂擺動得像平交道柵欄等，透過手勢和身體語言的結合，再加上視覺的訊息，我認為這樣會更容易被理解。

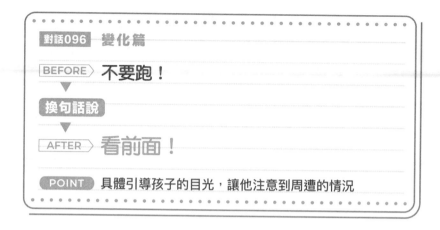

對話096　變化篇

BEFORE　**不要跑！**

換句話說

AFTER　看前面！

POINT　具體引導孩子的目光，讓他注意到周遭的情況

　　好奇心旺盛且活動力強的孩子，可能會對很多事物感到好奇並四處觀望，或者只會專注於引起他們興趣的事。同時，喜歡幻想的孩子會沉浸在自己的想像世界中，因此視野會變得模糊不清（我的經驗）。

　　也就是說，必須要提醒他們好好觀察周遭的環境。在這種情況下，與其使用禁止的話語來警告孩子，不如具體引導他們的目光，讓孩子注意到周圍的事物，引起他們的注意力，這樣會更有效。告知他們目光該注意的方向或目標，如「看前面！」「看紅綠燈！」等，讓他們去注意。

　　還有，若孩子容易在人群中東張西望，可以為孩子設定目標或標誌物以防走失，例如「跟著爸爸的後面走」、「排在戴著紅色帽子的人後面」、「往前直走到那家牛丼店的角落就好」等，鎖定視線的方向，這樣效果會很好。

　　此外，當前往人潮擁擠的休閒場所或活動時，對於容易迷路的孩子，可以讓他們穿著顏色鮮豔或有圖案的衣服，或是帶上父母一看就認得出顏色、形狀的包包或帽子做為標誌物，以便識別孩子的位置。也別忘記提醒孩子，若是迷路該怎麼做才好。

 **防範危險的措施**

　　孩子們天生就會做出許多無法預測的「意外」行為。所有孩子都有捲入事故或犯罪等危險的可能性。

　　雖然不能保證絕對不會發生危險，但還是請準備一些安全用品，盡量設法減少孩子碰到危險的可能。

- 在家中，可以利用安全裝置和防範防災用品（例如：角落保護套、門擋、玻璃防爆膜、兒童安全鎖，或是在停車場安裝鏡子等）。
- 特別好動的幼兒，可以使用附帶繩子的背包或胸背帶等。
- 運用附有 GPS 功能的兒童手機、少年智慧型手機、智慧型手錶等（離開指定區域或回家時通知、定位資訊查詢等）。
- 向鄰居們打招呼，確認和守護孩子的學校路線等。

駕駛訓練班教練的規則

　　當孩子表現得有些危險或令人擔心時，如果你擁有駕駛執照，可以回想在駕駛訓練班時的經驗。

　　孩子就像是新手駕駛員，正在學習駕駛「自己」這輛車。

　　就像在駕訓班，教練會從旁邊提醒「好，請看右邊，看左邊」、「在轉彎前請放慢速度」，並在危險時毫不猶豫的幫忙拉手煞車；面對孩子，你可以採取同樣的應對措施。

　　先告訴孩子父母注意的重點，即使告知後孩子還是超速、做出危險行為，父母可以握緊孩子的手，像拉手剎車一樣制止他。

　　有些孩子或許需要花一些時間才能從「駕訓班」畢業，但一旦可以掌握住「自己這輛車」的安全駕駛訣竅，未來不論想去哪裡，都可以自由的獨自出門了。

Q 我的孩子被診斷為 ADHD，但是對於文靜的我來說，真的無法理解為什麼他總是要做這麼危險的事。

A ADHD 類型的孩子就是「F1 賽車」、「噴射機」！

身 為父母的你辛苦了！至今你的孩子能夠平安長大，這就是父母非常辛苦努力的證明。ADHD的「H」是Hyperactivity（活動過度、極度活躍）的意思。也就是說，這種孩子搭載著非常高效能的腦部引擎。

以交通工具為例，若將「一般的孩子」比喻為自用轎車的話，ADHD類型的孩子就是F1賽車或噴射機。

所以，ADHD類型的孩子思考模式和行為比較容易「超速」，在高速行駛時，視線會變比較狹隘，對周遭的狀況很難看清楚，就像F1賽車一樣，你的操控和剎車技巧的難度也會大幅提升。

因此，在思維速度迅捷的情況下，當孩子的身體和言語來不及剎車時，就很容易造成行為失控或言詞不當的衝突事件。

活力充沛的孩子，要培養出與他們強大能量相匹配的制動系統，這確實需要花費比一般孩子更多的時間和努力。但是，F1賽車有車隊人員、噴射機有副駕駛員，不是嗎？周遭的人若可以適時給予提醒，提供孩子可以控制自己的輔助，同時有耐心一起培育孩子的制動系統，我認為孩子會逐漸變得更容易做到安全駕駛。

擁有超高效能的引擎，其實等於擁有行動力、判斷力和執行力這些出色的優點！

雖然父母的擔心永遠不會消失，但如果孩子能控制自己那股充沛的能量，就有潛力成為可靠的領導者。

漸進式的制止辦法

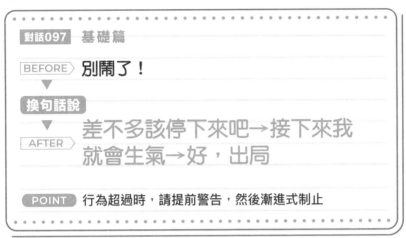

對話097　基礎篇

BEFORE　別鬧了！

換句話說

AFTER　差不多該停下來吧→接下來我就會生氣→好，出局

POINT　行為超過時，請提前警告，然後漸進式制止

前面介紹緊急情況下如何實施「緊急暫停」，下一步就是熟練「正常暫停」的步驟。

例如騎腳踏車，下坡時我們會輕踩剎車以降低速度，或是在距離紅綠燈幾公尺前逐漸踩下剎車，以便能夠在停止線處停下來。這些都是我們會去注意執行的安全措施。

讓孩子停下來也是一樣的辦法。尤其是對「男孩」這樣的生物，他們一旦熱中某件事或是得意忘形，就會不小心因為「嚴重超速」而樂極生悲，或是惡作劇和玩笑開過頭。

但是，父母在快要生氣之前，如果一步步給予警告，例如「到此為止」、「接下來我就會生氣」，使用逐步踩剎車的方式，往往可以讓孩子在停止線內停下來。

第一次警告最重要的是，稍微改變聲調和表情，讓自己變得「嚴肅」，同時透過與孩子眼神交流發出警告。

CHAPTER
4
建立自律的對話法

189

　　我也想讓孩子盡可能自由自在，並按照自己的腳步安穩長大，但凡事都有限度。

　　如果讓孩子像在狩獵採集時代那樣無拘無束，那麼他們在現代社會中就會變得很難生存。為了在現代社會中生存，我們需要學會最基本的生活規則，這是非常必要的一件事。

　　當提到生活上的必要規則時，可以用「交通規則」來聯想，就更容易理解。

　　即使在文化和語言不同的世界各國中，「交通規則」仍有很多相似之處，如紅綠燈、人行道和停車線、標誌和車速限制等。如果沒有固定的共同規則，人們的生命就會受到威脅。

　　與「交通規則」的例子相似，世界上普遍遵守「最基本人際規範」，父母和周圍的成年人需要耐心引導孩子學習，直到孩子自己能夠掌握為止。如果沒有這樣做，孩子可能會在未來的人際交往中遇到很多「意外事件」，導致在就業和自立方面變得困難，帶給孩子很多的痛苦。

　　現代社會中，孩子需要理解自己的行為在某種程度上會受到限制，以及遵守「最基本人際規範」的重要性。

　　最初，生活中必要的規則不是要束縛孩子並奪走他們的自由。「最基本人際規範」與交通規則相同，是為了彼此安全所需的事項。透過重複教導「遵守規則就有好事發生」的概念，讓孩子能夠掌控自己的行為，我相信他們在任何地方都可以生存。

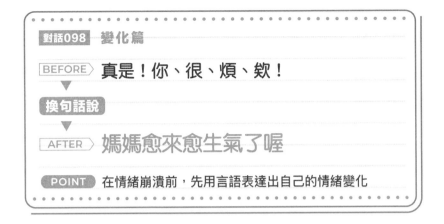

對話098　變化篇

BEFORE　真是！你、很、煩、欸！

換句話說

AFTER　媽媽愈來愈生氣了喔

POINT　在情緒崩潰前，先用言語表達出自己的情緒變化

　　不太注意對方表情或周遭情況的孩子們，往往會因為得意忘形而重複相同的舉動（例如，只因得到對方一次正面的回應，就繼續惡作劇或開玩笑等），但他們卻無法敏銳察覺到對方微妙的情緒變化。

　　這樣一來，便很容易遇到對方「突然生氣了」、「突然哭了」等無法理解的情況，但其實是有一個「前導階段」，只是他們沒有注意到而已。

　　為了幫孩子注意到這個「前導階段」，在家中就要像實況轉播一樣，說明自己當下的情緒，當感到不舒服時，要用清楚的言語表達出來，進而讓孩子理解「人的情緒會逐漸產生變化」。同時，也可以指出對方的表情，例如「你看，○○○已經不笑了」等，引導孩子去注意到對方的表情變化。

　　並非要孩子一直注意對方的臉色，但孩子若可以察覺到開玩笑也需適時「結束」，那就太好了。就像紅綠燈一樣，我認為在育兒過程中很重要的是，意識到「紅燈和綠燈之間有中間區域」。

　　大人可以細心觀察「中間區域」，在紅燈出現前先發出警告，孩子若能逐步減速，發生「嚴重事故」的機率就會降低很多。

劃出允許範圍的界線

對話099 基礎篇

BEFORE 不行！

換句話說

AFTER 到這裡可以，但從這裡開始就不行

POINT 不要只說一句「不行」，請劃出可接受範圍的界線

　　孩子的人生經驗需要累積，有時可能需要一些時間，他才能根據當時的情況做出判斷。

　　在此之前，雖然父母需要適時阻止孩子的行為，但如果只是一句「不行」就了結，孩子就算在「可以做的情況」下，可能也不會展開行動。甚至如果不斷否定孩子的行為，可能會讓孩子變得叛逆或對什麼事都沒動力。

　　這時候，可以透過像「這裡可以，但是從這裡開始就不行」這樣的說法，告訴孩子一個標準的允許範圍。

　　舉例來說，當孩子在家裡跟手足玩球時，若擔心球會打到人或物品，就可以說「在公園可以，但在家裡不行」或者說「在爸爸睡覺的周圍不行，但在二樓安靜的玩就可以」等，爸媽可以藉由現場的狀況或住家情況來引導並告知孩子「我們家的允許範圍」，然後明確的劃出「不行」這條界線，我認為孩子也會比較容易了解並接受。

「家規」要透過討論來決定

例如，在每天的遊戲時間或朋友來玩的時候，提前設定好「家規」，可以減少不必要的爭吵，也不會發生像「媽媽，這跟你之前說的不一樣」之類讓孩子感到混亂的事。

在這裡很重要的是，與孩子充分溝通，尋找「雙方都可以接受的界線」。

如果父母單方面獨斷的制定規則並強制執行，孩子只會逐漸累積不滿的情緒，最終可能變成「只要不被父母發現就好」這樣忽視規則的情況。

例如，可以用以下方式結合孩子的意見來制定規則，只要孩子有一定程度的接受，基本上就比較會願意遵守：

1. 制定規則的方法

「媽媽希望遊戲時間控制在每天 1 小時左右，你怎麼想呢？」「完全不夠啦！」「那麼……」就像這樣討論，直到雙方找到「共同可以接受的底線」。

同時，在事前決定「如果無法遵守，該怎麼辦」，也是個好方法。

2. 公布和執行規則

制定好的規則可以張貼出來或製作「規則書」，以便隨時參考。另外，對於遊戲，也可以透過「設定」等方式來限制使用時間。

如果孩子能夠遵守規則，就可以回饋孩子「規則遵守得很好！」之類的對話。

3. 修訂規則

如果孩子一直無法遵守規則，那就說明這個規則有點不切實際，變成只是形式而已，所以需要再重新討論並修正規則，將難度降到可執行的標準。

對話100 變化篇

BEFORE 你稍微看一下場合！

換句話說

AFTER 現在是做○○的時候喔、這裡是
○○的地方喔！

POINT 每件事都需要「因時因地制宜」，根據具體情況做出
適當的界定

對於難以觀察周遭情況和隨機應變的孩子，可能很難判斷如何「因時因地制宜」，或者因為之前的經驗而學到錯誤的行為模式。

例如，有些孩子可能因為在阿公家被稱讚「活潑是好事」之後，因此不論在圖書館或醫院，都表現得很有活力並四處亂跑。

對於這樣的孩子，建議讓他們一點一滴的累積「這行為是有分可以、不可以的時機」等經驗，逐漸明白這個道理。

其實很多事如果沒有人提醒，就不會察覺。

首先，你可以告訴他們：「現在是需要保持安靜的時候。」制止當下的行為，然後根據每一次情況界定出「此刻是做○○的時候」或「這裡是○○的地方」等時機和場合的界線，接續前面提到的例子，可以和孩子說：「在爺爺奶奶家可以，但圖書館是要安靜閱讀的地方。」

然後，當孩子累積了一定的「因時因地制宜」經驗後，就可以進階問他們：「現在是該做什麼的時候呢？」「這裡是應該做什麼事的地方呢？」幫助他們自己意識到當下的狀況。

當孩子都學會了這些技巧後，只要透過輕拍肩膀或眼神交流，他們就會了解該怎麼做了！

劃出行為界線

對話101　基礎篇

BEFORE 你是個壞孩子！

▼

換句話說

▼

AFTER 不可以打人！

POINT 不要譴責人格，只要界定出「不當行為」

　　養育一個容易動手的孩子，身為父母一定覺得很沒面子。

　　明明已經跟他講過很多次，但孩子還是不能理解，這樣的確會讓父母很困擾。在參考前面的章節之後，我們將在這裡詳細介紹「行為的界線」。

　　打人等行為需要父母嚴加注意並制止，但在這個過程中，最好避免使用「壞孩子」、「暴力者」等詞語來譴責孩子的人格才是明智的做法（參考Step28，p.103）。

　　不要著重人格，而是專注於指出「不適當的行為」，明確界定行為的界線，如「做○○這件事是不可以的！」這樣提醒孩子。

　　如果父母說的話沒有效果，可以使用雙手把孩子的拳頭包起來，或是從孩子後方把他抱起來等方式，讓他遠離對方。

　　最後，當孩子停下行為時，一定要告訴他「謝謝你停止了」，這很重要。

　　或許一、兩次的提醒不足以產生效果，但父母一定要耐心的持續下去。

BEFORE 為什麼隨便動手呢？

換句話說

AFTER 在那種時候，你覺得該說什麼才好呢？

POINT 確認並置入「合適的語言和行為」

　　當孩子打人等不當的行為停止並冷靜下來後，父母要充分聆聽他的說法，然後詢問孩子，例如：「在那種時候，你覺得該怎麼說才好？」「如果想讓對方做○○（事情）時，你覺得應該怎麼做更好呢？」讓孩子回想在那種情況下，什麼語言和行動才合適，最後再跟孩子確認「什麼是可以說的話、可以做的事」。

　　若孩子自身還沒有學會「適當言行」的知識和經驗，那就一定回答不出來。

　　這時父母可以跟他們說：「在那種時候，你可以說『○○』就好囉！」「下次如果再遇到相同的情況，我們可以試試『這樣做』。」每一次都把適當的言行告訴孩子，他就會漸漸學起來。

　　其實孩子「手快過嘴」的原因，往往是因為言語未能及時跟上身體的動作，也就是說，這是一個溝通方面的問題。我在下一章節中會更詳細介紹。但首先，增加日常親子對話時間，讓孩子多閱讀和學習來擴展詞彙量，這是提高孩子口語表達力的捷徑。這樣一來，透過學習語言的正確使用方式，並一一教導孩子適當的表達方式之後，相信孩子將漸漸學會用打人以外的方式與他人溝通。

如何掌握手的力量、適可而止的感覺,以及實際上的距離感呢?

　　有時,當孩子打人時,可能會說「我只是想開玩笑」、「我沒想到他會那麼痛」之類的話。

　　這可能是因為自己用的力道比預想更大,或是自己覺得會被好朋友原諒,但和對方的關係其實沒有想像中親密。而讓對方感到「痛」、「被打」的不舒服感覺,可能是因為力量的控制和距離判斷不當的關係。

　　這種情況下,比起用講的來告知,不如用實際動作讓孩子去「感受」,學習控制手的力量、什麼時候該適可而止,以及適當的距離感,這樣會更有效果。

練習手的力量

- 父母可以拿著靠枕等軟墊,並透過說「全力」、「強烈一些」、「輕柔一些」等指示,讓孩子進行拳擊或踢擊的練習,再給予他調整與回應,例如「唉唷!那一下太強了」、「好的,這就是與朋友『打鬧』時的力度喔」。同時,透過「慢動作」來調節速度也很不錯。

練習適可而止的感覺

- 彼此戴上腳踏車安全帽等防護裝備,進行猜拳遊戲,輸掉的人就被玩具錘子敲打。為了讓孩子掌握到「適可而止」的界線,可以練習在敲到安全帽的前 1 公分停下來。

掌握適當距離的練習

- 可以用實際例子來教孩子適當距離的感覺,例如,和孩子搭肩這樣密切接觸的同時,說明「這是與家人之間的距離」;手牽手稍微分開一點,說明「這是和好朋友〇〇(名字)之間的距離」;彼此伸出手臂,說明「這是和同學交談時的距離」;向後退幾步,說明「這是向鄰居〇〇(名字)問好時的距離」。

Step 60 劃出言語的界線

> **對話103** 基礎篇
>
> BEFORE 你剛剛講什麼？
>
> ▼
>
> 換句話說
>
> ▼
>
> AFTER 不行講「去死」這句話
>
> POINT 攔下不恰當的字眼，換成適當的表達方式

　　有些孩子雖然不會動手，但會說一些令人不舒服的話。例如：「去死」、「胖子」、「白痴」、「煩人」、「噁心」、「消失吧」、「打爆你」、「揍死你」等（苦笑）。

　　可以把不當言語視為溝通方面的課題。因為孩子想對另一方表示不滿，卻只想到使用簡短且銳利的言語來表達自己的情緒。

　　要解決這種情況，首先要指出不適當的詞語（NG詞語），劃出言語界線。例如告訴孩子：「說『去死』是不行的。」

　　但要注意的是，不僅要指出NG詞語，還需要把可以替代的詞語一併告訴孩子。孩子會說出「去死」這句話，一定有他的理由（在某些情況下，也有可能被當成是打招呼、搭話時的用法）。

　　所以在好好了解孩子的情況和感受後，請告訴他們適當的表達方式，例如：「在這種情況下，可以說『〇〇』。」或者詢問他：「在這種情況下，你認為應該怎麼說才好呢？」

把「不能對他人說的話」劃分出來

先嘗試和孩子一起將「不能對他人說的話」列成清單或表格，然後試著進行詞語的劃分。

特別是對於心直口快、說話很直的孩子，將詞語進行「視覺化」的劃分是個好辦法。

1. 先和孩子討論，例如提問：「有沒有自己不喜歡聽到的話？」「媽媽不喜歡這樣的話。」然後把這些不喜歡的話，都寫在筆記本或便利貼。
2. 檢視這些話，並按照以下範例進行分類，例如可以討論「這是關於身體特徵的詞語，還有其他相似的詞語嗎？」然後把它們歸納成表格。

否定對方的存在或威脅對方的生命

例如：「去死」、「消失吧」、「揍死你」、「打爆你」……

擅自根據對方的出身或家庭背景來評斷

例如：「你是窮光蛋」（性別、身殘、種族、經濟狀況等）

關於對方在意的臉蛋、身體特徵或性徵

例如：「矮子」、「胖子」、「醜八怪」、「大胸部」……

然而，雖然清楚指出「不能對他人說的話」很重要，但孩子跟同伴相處時難免會產生不滿或不愉快的感受。

在壓力很大的情況下，我不認為要完全禁止抱怨或「壞話」。所以同時也必須告訴孩子「可以做的事」，例如「可以在心中說」、「可以回家後說」、「可以寫在日記上」等。

對話104　應用篇

BEFORE ▸ **你是在對誰說話！**

換句話說

AFTER ▸ **你現在的講話方式，給人很不舒服的感覺**

POINT ▸ **對於難以觀察周遭學習的孩子，直率的傳達很重要**

　　如果把「不能對他人說的話」比喻為「一次就出局」的錯誤，那麼不適當的口氣、態度、對話場景、雙方關係、次數或人數等，就如同收到警告的「黃牌」，可能會漸漸累積成「出局」。

　　這種要看當時語境和對象調整溝通方式的情況，在孩子之間經常發生。多數孩子（若在彼此稍微不舒服的情況下）會微調自己的行為並測試對方的容忍度，同時也會注意到「若再繼續鬧下去，可能會很糟糕」或「如果對這個人這樣說，可能不太好」之類的狀況。

　　但是，對於不擅長「透過觀察周遭學習」或「失敗後反思」的孩子來說，他們可能不會注意到自己在不知不覺中犯下很多錯誤，累積了很多「黃牌」，即使他們自認為沒有冒犯到他人，但不知何時卻已變成孤立無援的情況也不少見（特別是青春期的孩子，更容易因為不會察言觀色而陷入困境）。

　　就連大人也很難確定明確的底線，但若在家庭中，一一誠實的告訴孩子「這樣說會讓人留下失禮的印象」，或者「媽媽被叫『老太婆』，第一次可以笑笑就好，但第二次就是出局了」，還有「雖然別人這樣說我沒關係，但被自己的孩子這樣說，我還是會很難過」等，我認為讓孩子意識到詞語有影響力是好事（雖然這可能需要不斷犧牲自我）。

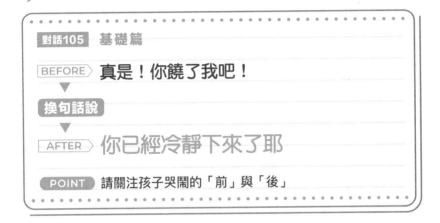

對話105 基礎篇

BEFORE〉 **真是！你饒了我吧！**

▼

換句話說

▼

AFTER〉 你已經冷靜下來了耶

POINT 請關注孩子哭鬧的「前」與「後」

　　在超市的零食區前，如果孩子為了買想要的東西而躺在地上哭鬧不已，說實話會令人感到不知所措，周遭的目光也十分令人難受，甚至讓父母想哭。

　　這時候，請先深呼吸，冷靜一下。接著，放棄！（笑）

　　事實上，當孩子瘋狂放聲大哭大鬧時，父母幾乎束手無策，最多只能陪伴在孩子身邊等待而已（如果可以，最好能夠換個地方）。

　　父母能做些什麼的時機，是在孩子哭鬧的「前」和「後」。若可以關注這一點，就能夠從「束手無策的狀態」中解脫。在哭鬧前可以做的事，就是事前做好準備，從一開始就盡量避免這樣的情況發生（下文會有說明）。

　　在哭鬧後可以做的事情，就是改變結果。不要只有「妥協買下東西」或「孩子被罵得更兇」這樣的結果。

　　哭鬧的當下只要等，孩子一定會停止哭泣。等停止哭泣後，首先要安撫他「你冷靜下來了耶」，即使只有一點點改善也好，注意他已做到的事情。

꒰ ꒱ 打破「既定模式」的方法

接下來，我要更詳細說明如何打破既定模式。雖然以下是以超市為例，但無論是對於幼童或大孩子，在育兒過程中當父母感到「束手無策」、「不順心」這種僵持的狀況時，大部分都可以使用這種方法找到解方，因此我建議把方法練熟，將會受用無窮。

首先，將孩子的一系列行為模式，分成A＝誘發原因、B＝行動、C＝結果三部分（在行為分析學的專業術語中，這種方法被稱為「ABC行為分析法」）。分析重點在於要觀察具體的行為，而不是以「任性」、「鬧脾氣」的主觀印象來觀察（參考Step28，p.103）。

那麼以超市發生的事為例，分成ABC該如何分析？

A＝誘發原因	孩子和父母到超市，經過零食區。
B＝行動	孩子在地上打滾，哭著說：「買給我！」
C＝結果	父母說：「算了，買吧。」買下零食。

如果父母妥協買下零食，孩子就會誤會這個方式行得通，然後學到「只要哭鬧，就能得到零食」這樣的錯誤觀念。

C的結果變成了B行動的「獎賞」。

為了要打破這個「既定模式」，就是避免A的誘發原因發生，或是改變C的結果，如此一來，就很有可能脫離這個惡性循環。

與其在B行動的當下費盡心思想辦法，不如從它的「前」、「後」著手，這樣父母就不會束手無策了。

在任何情況下，經過不斷嘗試後，總能找到屬於你們親子間恰到好處的相處方式。

我個人認為，這個磨合過程本身就是育兒的一部分。

避開誘發原因發生的方法

那麼，接續超市的例子，針對A「避開誘發原因」，具體而言可以想出哪些方法呢？

舉例來說，有以下這些選項：

- 利用宅配等方式買東西，不帶孩子去超市。
- 選擇不經過零食區的路線。
- 要買零食時，只去單賣饅頭和煎餅等點心的個人商店買。
- 避免在空腹時去超市，去之前先吃飯或吃點心。
- 避開超市忙碌的時間，或是避開孩子因太累或想睡而容易煩躁的時間。
- 在超市的停車場等地方，跟孩子事先約定好「只買〇元（〇個）以下的東西」，並且要讓孩子完全明白後再進入店裡。

你覺得如何？其實有很多可以做的事情，對吧？

在孩子發脾氣之前，只要父母用心設計，其實很多事情都可以應付。

這不僅限於超市的情況，對於育兒生活中「父母感到困擾的事」，大概有80%都可以透過「日常交流＋事前設計和溝通」來預防或減輕（這是我個人的體驗）。

在束手無策之前，養成先想「自己能做什麼？」的習慣，這是很好的方法。

接下來討論的是如何改變「結果」。

因受不了孩子哭鬧而妥協買了商品，這真的很丟臉。那種挫折感也很令人難過……我個人是無法堅持說「絕對不買」，而且老實說，如果只是想盡快完成採買任務，我根本就不會帶孩子去購物。

只是，若我帶孩子去超市，也會留一點預算給他，如果孩子想要某個東西，我會在他哭之前找出妥協點，例如跟他說：「如果把果汁放回去，你就可以買一塊餅乾。」避免消耗彼此精力。也就是說，給孩子有條件的談判空間。同樣的方法也適用於孩子哭泣時。

當孩子稍微冷靜下來時，我會提出一些條件，例如告訴他：「如果你可以清楚說出來，我會幫你買。」「那麼，你可以忍耐○○嗎？」讓孩子知道用「哭鬧」以外的方法，也可以表達自己的要求。要是孩子可以稍微忍耐或妥協，我會針對他做到的事給予回應，例如對他說：「你已經可以用說話的方式來表達了。」「你已經可以忍耐了。」透過這樣的反覆練習，即使孩子仍舊會哭，也會變得容易冷靜下來。

然而，如果孩子持續不斷哭鬧或不懂節制的一再要求，那麼對他來說，想要的「獎勵」可能不是零食（請參閱第1章）。

軟化堅持

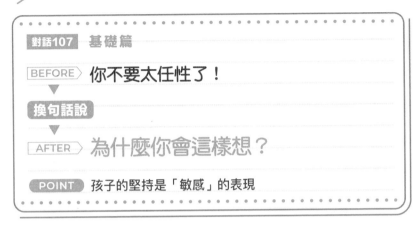

對話107 基礎篇

BEFORE 你不要太任性了！
▼
換句話說
▼
AFTER 為什麼你會這樣想？

POINT 孩子的堅持是「敏感」的表現

孩子是敏感的生物。

大人覺得不用在意的小事、不重要的事，有時孩子會很堅持，因為他們是孩子。

對於感官器官已經發展完全（或者有點疲勞狀態）的大人來說，孩子這樣的堅持行為可能會被視為「任性」。

但是，敏感的孩子其實難以區分需要和不需要的訊息，而且因為比大人更容易捕捉到所有的顏色、形狀、聲音、氣味等感受，所以會對某些事情非常感興趣或覺得不安，這就是他們固執己見、非這樣不可的原因。

從父母角度來看，我認為有可以容忍的事和不能容忍的事，但首先我們應該接受一點：孩子堅持的事情不是「任性」，而是他們「敏感」的一種表現。

在這個前提下，我們可以問他們：「為什麼會這樣想呢？」「是什麼讓你覺得不舒服？」認真傾聽他們的世界。

利用「堅持的四象限圖」進行分類

　　對孩子的堅持，不應該全部視為「任性」，而是要去了解，然後確實面對處理，透過妥協、談判或不同的思考方式去解決，或是可以活用這份堅持讓孩子成長等，只要明確判斷每項堅持的原因，然後做出適當的回應就可以了。

　　為此，將有些乍看被視為「任性」的行為，藉由下面的「堅持的四象限圖」進行分類後，再用冷靜客觀的角度重新檢視，便可以更加清楚明瞭。

〔 圖解！堅持的四象限圖 〕

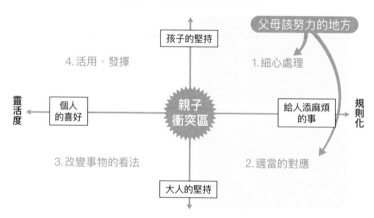

1. 細心處理
➡ 即使我們認為孩子沒有惡意，但結果可能對他人造成很大的困擾，或者影響日常生活的事情。

2. 適當的對應
➡ 在大人「正確觀念」和「普遍常識」裡，而且從客觀的角度來看，也是對他人造成很大困擾的事情。

3. 改變事物的看法
➡ 雖然大人的「正確觀念」和「普遍常識」不允許，但仔細一想，其實是不會對任何人造成困擾的事情。

4. 活用、發揮
➡ 這象限孩子的堅持，既不會對任何人造成困擾，父母自己也不會在意。

為了減輕焦慮的堅持

接下來是針對「堅持的四象限圖」中第1象限的對策。

第1象限和第2象限的「堅持」，不僅會影響自己和周遭的日常生活，還是「未來能否在社會中生存」的重要指標，因此這裡是父母需要用心處理的地方。

例如發生以下行為：

- 在上學途中遇到無法通過的道路，便坐在路上不肯前進。
- 從小學的教室裡哭著跑出來。
- 不想進入學校的體育館等特定場所。

在這樣的狀況下，背後原因有可能是孩子在感官上接收到一些訊息（聲音、氣味、光線、顏色、形狀、人或物、過去的經驗等），因此感受到強烈的不安及恐懼。

由於這些感官上的影響偏向情感面，因此對孩子用「斥責」或「勸說」等方式都不會有效果。

想要改善這種情況，首先要仔細傾聽孩子說的話，並找尋原因，例如「你在那個地方為什麼感到不舒服？」「我了解了，原來你害怕○○的聲音。」「我明白了，原來你擔心○○（事情）。」對孩子的情感表達共鳴。

接下來，先讓孩子安心，暫時離開造成孩子恐懼或不安的對象或場所，並一直照顧孩子，直到他冷靜下來為止。

然後，運用「打破既定的模式」方法（Step61，p.201），與孩子和老師討論，尋找孩子能減輕負擔的方法，例如使用耳罩或耳塞來降低不適的聲音等。

再來，一邊觀察孩子的狀況，一邊慢慢增加他的容忍度。孩子漸漸習慣令自己不安的對象後，就會變得正常，會做的事情也會愈來愈多。

CHAPTER

4

建立自律的對話法

Q 雖然這個孩子沒有被診斷為發展障礙，但好像因為之前在上學路上有過恐怖的經驗，因此每當他經過上學的途中，便坐在路上不肯前進。

A 聆聽他說話、讓他安心，訓練他慢慢習慣，然後克服過去的恐懼。

無論是什麼樣的孩子，在經歷強烈的不安或恐懼之後，心理都會變得不穩定或固執，這是很理所當然的反應。不論是經歷事故、災難、欺凌、虐待，還是戰爭（或目擊這些事件），當心靈受傷時都會如此。即使不是那麼嚴重的事情，例如「在上學途中被一隻大狗吠」這樣的經驗，如果對孩子來說真的很可怕，也會有相同的反應。

在這種情況下，首先要對孩子的話產生共鳴，例如回應：「嗯，那條路很恐怖，對吧！」聆聽孩子說話而不是否定他的話，然後花時間仔細尋找具體的原因。

如果發現原因是孩子在某個地方被狗吠，那麼就暫時透過父母接送或其他接送服務的支援，或者和學校商量是否可以透過其他路線上學等，藉由「事前準備」的方式避免這種情況再度發生，先讓孩子安心下來是最重要的事。

然後，當孩子冷靜下來後，父母可以陪伴他一起走路，在他可以承受的範圍內，讓他慢慢習慣那個地方，我想總有一天能夠回到原來的生活。當孩子漸漸安心時，父母就可以逐漸縮短陪伴的距離，只在不安全的地方陪伴他，並逐漸放手。

此外，從寵物店等地方讓孩子接觸小狗，逐漸習慣害怕的事物也是一個好方法。但如果孩子堅持的情況太過嚴重，影響到他自己或周圍的日常生活，或者表現出極端憂鬱的樣子，為了以防萬一，建議盡快接受兒童精神科或心理治療較好。

Step 63　獎勵忍耐行為

> **對話108** 　基礎篇
>
> **BEFORE** 〉**若不安靜，沒辦法搭公車喔！**
>
> ▼
>
> **換句話說**
>
> ▼
>
> **AFTER** 〉**若能安靜的搭公車，那我們下次可以去〇〇（地方）喔！**
>
> **POINT** 　建立「若遵守規則，就有好事」的概念

接下來是針對「堅持的四象限圖」（參考p.206）第2象限的回應。若不能遵守「最基本人際規範」，以及在國家、地區、公共場所或學校等「所屬群體的規則」，將會帶給周遭巨大困擾，這需要父母或周圍大人耐心的教導孩子，直到他們明白為止。

為了即使父母不在身邊，孩子也能適度配合（適應）社會並好好生存，在某種程度上必須培養「能夠忍耐和妥協的能力」。

首先可以給予獎勵鼓勵孩子學會忍耐這件事。這裡的獎勵並不僅是給予物品、零用錢或集點（參考Step26，p.97），還包括讓孩子有更多的自由，例如擴大行動範圍、增加更多選擇項目、能有更多自主性，以及來自周圍的讚美和感激的話語，如「謝謝你保持安靜」等，這些也都可以成為獎勵。

總之，重點是不斷重複教導孩子「如果遵守規則，就會有好事發生」的概念！

CHAPTER 4 建立自律的對話法

「規則」、「社會信用」和「個人自由度」之
間的關係

　　血氣方剛的年輕一代可能會認為：「規則是束縛自己的東
西。」但事實上，遵守規則的人通常擁有更高的自由度。請參考以
下關係圖：

　　像這樣的例子有很多。
　　例如在網路社交媒體和影片分享網站上，當鑽漏洞、惡意使用
的人增多或不良內容增加時，這些網站就會制定更嚴格的規則和限
制，讓人失去了剛開始的自由和便利。
　　我認為「規則」、「社會信用」和「個人自由度」之間，有著
很密切的關係。
　　舉例來說，「優秀學生愈多的學校，通常校規愈寬鬆」，但可
能是因為學生平時的行為，獲得了附近居民的信任，所以才有這些
好處，不是嗎？

警告並給予限制

對話109　基礎篇

BEFORE
如果不保持安靜，我就不買○○（東西）給你！

換句話說

AFTER
如果不保持安靜，就減少我們約定好的遊戲時間

POINT　制定因果關係明確的規則→警告→執行限制

　　當孩子成為社會上的重大麻煩、造成他人或自己嚴重傷害時，我們就會限制他們的行動。

　　其實就跟國中生或高中生偷竊會受到停學、退學的處分，成年人犯罪會被關進監獄是一樣的道理。為了讓孩子了解，若違反社會規則就會有相對的行動限制，最好的方法就是在事情變嚴重之前，讓孩子先在家中進行小型的模擬體驗。

　　提前和孩子商量，制定「若發生這樣的麻煩，就這樣做」的規則和限制方法，然後在輕微犯規的階段給予幾次警告。如果孩子仍然無法遵守，就要「確實」執行限制措施，這樣的流程就是最好的體驗。

　　在這個過程中，原因和結果有明確的規則，孩子更容易理解。例如，當孩子玩遊戲太過投入而大聲喧嘩，快要造成鄰居的困擾時，若父母說出「不會買生日禮物給你了」等與遊戲無直接關聯的懲罰，就會讓孩子感到不公平，所以用「限制遊戲時間」這種相關措施會更好。

CHAPTER
4
建立自律的對話法

在智慧型手機和電腦上，設定家長監護功能

　　智慧型手機和電腦的線上遊戲、社交媒體和影片分享網站等，由於對孩子來說非常有吸引力，可能會不知不覺就陷入嚴重的成癮狀態。

　　還有，為了要避開「某天突然接到電信公司的帳單」或「在社交媒體上被捲入麻煩」之類的情況，父母需要設定某種程度的條件或上限，並在「物理上」加強控制。

　　活用智慧型手機、電腦、安全保護軟體的「家長監護功能」或「配對控制」功能，或是在智慧型手機的銷售店面進行設定，例如執行以下的限制：

- 決定能使用的時間，或一天的使用上限。
- 使用年齡限制或篩選功能來限制 APP 的下載；限制可以連結的網頁和可觀看的權限。
- 將付費內容設定為無法使用，或每次都需要父母批准才能進行。
- 將智慧型手機的合約設定為固定費率計算的方案。

　　然而，無論父母多麼用心設定，孩子總會為了避開父母監控，不知不覺中記住密碼並解除設定，因此最終我認為最有效果的解決方案，就是培養孩子的自律能力。

　　「家長監護功能」就目前為止的脈絡看來，最多只能被當成輔助工具，而不是解決問題的最終方案。此外，孩子過度使用智慧型手機等設備時，可以向他展示帳單明細或使用時間圖表的管理介面，再次討論規則，這樣孩子會更容易理解並接受。

　　另外，我認為在孩子完全培養出足夠的自律能力之前，不提供手機給他們使用，也是一個明智的方法。

對話110　應用篇

BEFORE ▼ 那孩子一來就很吵，不要再跟他玩了！

換句話說 ▼

AFTER ○○（對方的名字），附近有小寶寶，請保持安靜喔！

POINT 面對其他孩子也是一樣，用漸進式制止法

　　舉例來說，當孩子們遊戲玩得很開心時，可能會出現「我的孩子能夠遵守規則，但是來玩的朋友卻很大聲」之類的情況。

　　對其他孩子難以用嚴肅的方式提醒，如果孩子們相處得很好，你也不會想說出「不許和○○（對方的名字）一起玩」之類的話。但如果沒有辦法改善，你會陷入困境。雖然難度有點高，但首先讓自己的孩子理解事情原委，再「漸進式制止」或許會比較好。

　　漸進式制止的第一步驟是，先向對方本人說明具體的理由和「可以做的事」，例如說：「○○（對方的名字），附近鄰居因為生小寶寶了，所以請保持安靜喔。」「因為我們家是公寓，在跑跳的時候樓下會聽到聲音，所以請坐下來玩。」（如果他能保持安靜，記得回應「謝謝你幫了我一個大忙」）。

　　接下來，我們可以詢問孩子哪些遊戲會玩到特別興奮，然後提供孩子帶朋友來家裡玩的條件，例如：「可以玩除了這款以外的遊戲，只要保持安靜，就可以在家裡玩。」允許一部分附加條件的遊戲。如果這樣還是無法保持安靜，就需要執行具體的行動，例如直接關掉電源並建立規則：「在我們家的時候，不能玩遊戲。」

　　最後，告訴自己的孩子：「如果你想和○○（對方的名字）一起玩，請到公園去玩。」只要經過一定的步驟，孩子們有可能會在被「禁止」之前就明白了。

溫柔的暫停技巧

「暫停」是一種國外的育兒方法，當孩子做出父母或老師無法容忍的行為時，請孩子坐在房間或教室角落的椅子上，限制其一段時間（年齡×約1分鐘較為適當），讓他「不參與」任何行動。我認為大人若能夠堅定一致的執行這種限制措施，它通常是非常有效的方法。

不過，我家在實踐時，因為其他兄弟姊妹會跑到「暫停區」的孩子那裡，所以沒有執行得很好，而是採用短暫從現場離開一段時間的「溫柔暫停法」。

「溫柔暫停」不是限制行動，而是以讓孩子冷靜下來，轉換心情為目的。

例如，當兄弟姊妹爭吵或被父母罵後，如果孩子持續不滿或一直不高興，可以嘗試以下方法：

- 「你可以到二樓玩遊戲」等，請他移動到另一個房間。
- 「去自動販賣機買果汁」、「去○○商店買雞蛋回來」、「請幫忙遛狗」、「把這張明信片投到郵筒去」等，請他做點事情去外面走走。
- 「你要不要小睡一下？」「你要洗澡了嗎？」等，讓他一人單獨休息，靜靜放著不管。

如果孩子固執不動，可以鼓勵其他兄弟姊妹去邀請他「來看電視」等，或者是父母從現場離開，例如說「媽媽去睡一下」，避免被他的煩躁影響。

另外，當父母疲倦或情緒低落，或者大人們忙碌不堪時，有時孩子不懂得察言觀色，在不適當的時機做出導致爭執的行為。在這種情況下，我們可以悄悄把他們帶離現場，事先避免不必要的爭執和衝突，就像避免踩中地雷一樣。

放寬限制後再行解除

對話111 基礎篇

BEFORE **你永遠不要再這樣做了！**

換句話說

AFTER **如果你能遵守規則○天，就可以解除限制**

POINT 提供放寬限制的條件

有時孩子會太過投入某件事，忽略了作業等應該要做的事情，這時父母可能會很生氣。

但如果父母強制取走孩子的心愛事物，會在他心中留下陰影，若完全不給「改過自新」的機會，孩子也無法從中學習。

即使只是暫時限制行動，如果孩子反省之後能遵守規則，且父母的信任逐漸恢復，不要忘記逐步放寬限制，並進一步解除限制。

把「限制」和「放寬」組成一組，孩子會確實感受到「守規矩有好處」。

即使是因為看不下去而暫時全面禁止的事情，也可以提供孩子放寬並解除限制的條件，例如：「如果可以持續一週，回家馬上做作業，就可以做○○（事情）了。」當孩子實際遵守了規則，父母也有必要履行承諾，成為孩子的榜樣。

💗 制定撤銷規則的方法

　　觀察孩子的狀況，有些規則不用父母一再提醒，孩子也能好好遵守，有些規則隨著孩子的成長，已經不再需要或不適用，就可以考慮對這些規則進行修訂、檢討，若不需要就撤銷或廢除。如果任何事都只有「限制、規定」，對大人來說也會感到窒息吧？

　　在家中貼滿的「視覺化」提醒或規則（參考Step07，p.42／Step49，p.162）也是一樣，當父母覺得孩子已經可以自行遵守規則時，就可以逐步撤下告示。

　　雖然在某種程度上，人們需要規則來幫助彼此在社會上順利過生活，但為了避免建立過多的規則，建議各位以「每增加一條規則，就減少一條規則」的方式來保持平衡。然後，等孩子更大一點就可以把「規則制」換成「簽約制」。

　　當孩子長大一些可能會比較難接受父母所設定的規則，同儕之間也可能出現「聽從大人的話就不酷了」的價值觀。

　　這個時期，除了「最基本人際規範」務必遵守外，其他都可以跟孩子充分討論，例如：「我想讓你達成某項目標，這是我設定的條件，你覺得呢？」進行多次的討論，商量出雙方都可以接受的條件後，用「簽約」的方式或許比較好。

　　就跟之前去逛超市的例子一樣，先做出一份條列式契約書草案，將父母希望孩子遵守的條件和義務列出，在充分聽取孩子的意見後，調整成現實可執行的範圍，最後如果達成共識，雙方就可以簽約存證。這樣一來，即使發生違規行為或問題，孩子會更能理解和接受這些規則。

用孩子能了解的理由解釋

對話112　基礎篇

BEFORE〉**這會帶給人家困擾！**

▼

換句話說

▼

AFTER **因為這樣會變成……，所以我們這樣做吧！**

POINT 以具體且可理解的理由來解釋「困擾」的內容

接下來是「把模糊不清的詞語變成超級具體」的進階單元。到目前為止，我們常常使用「對他人造成巨大困擾的事」，來做為制止孩子的一個指標，但究竟「困擾」具體來說是什麼呢？

大人可以透過到目前為止的經驗綜合判斷，意識到：「啊！這可能會造成他人的困擾。」然後馬上改進，但對人生經驗還很少的孩子來說，只跟他們說一句：「這樣很困擾！」孩子可能沒辦法馬上理解自己有哪裡不對。

舉例來說，在公共場所或醫院裡，孩子的手遊聲音快要造成周遭困擾時，可以跟他說：「在火車上，有些人聽到很大的聲音，會感到不舒服，也有些人可能因此沒聽到下一站的站名，就錯過下車時機了，所以你要戴上耳機，不要讓手機聲音放出來喔。」「在醫院裡，有些人會因為聲音太大而頭痛，所以請把聲音關掉。」

換句話說，我們可以告訴孩子，「困擾」是指讓他人感受到什麼樣的情緒，並造成對方什麼樣的麻煩與負擔，讓孩子理解具體的原因，同時告訴他們「可以怎麼做」，讓孩子一點一滴累積體貼他人的經驗。

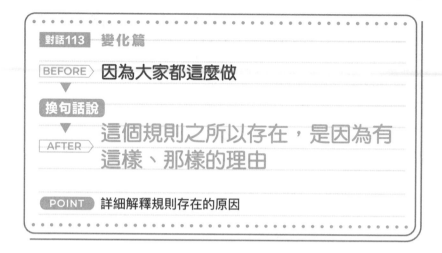

BEFORE 因為大家都這麼做

換句話說

AFTER 這個規則之所以存在，是因為有這樣、那樣的理由

POINT 詳細解釋規則存在的原因

　　我認為有些事無論是孩子還是大人，只要給予充分且詳細的解釋，就能夠理解並遵守規則（相反的，如果沒有好的解釋，只是「因為大家都這麼做」而被強迫接受，應該也會想要反抗吧）。

　　在社區中需要的規則、義務和禮儀等，不該只是「因為大家都這麼做」而遵守，而應該詳細解釋「為什麼需要這麼做」，並且仔細說明這些規則存在的原因，這樣相信很多人都會理解。

　　舉例來說，如：「在醫院（的這個區域）關閉手機，是因為手機的電波會影響醫生使用的設備，導致誤診」、「在〇〇（地方名），因為使用的紙張是回收紙，所以請把它們都放在這裡好嗎？」（如果孩子可以配合，也別忘了說聲「謝謝」）。

　　再說，如果只是「因為大家都這麼做」就遵守，未來就有可能發生「因為大家都沒做」，所以我也做不到的情況。然而，只要孩子本身能夠充分理解並接受該規則或禮儀的必要性，無論周圍的人如何，他都一定能做到！

讓「理性思考型」孩子易於理解的表達方法

　　如果僅靠父母的解釋，孩子無法理解時，特別是對於理性思考型的孩子，可以試試以下這些方法。

- 使用圖像、表格、圖表等方式輔佐，以邏輯方式解釋。
- 說明時加入具體數值、比例等數字。
- 參考記載詳細、內容精確的書籍、資料或網站。
- 由該領域的專業人員或孩子很崇拜的人物來解釋。

對話114　應用篇

BEFORE　**因為那就是規則**

▼

換句話說

▼

AFTER　那樣的規則，媽媽也覺得奇怪

POINT　對於奇怪的規定，可以直接說「這太奇怪了」

　　在社會上，有一些規則連父母也無法解釋「為什麼那些規則是必要的」，像是無理且奇怪的地方規則、神祕的習俗、潛規則或同儕壓力等。這些奇怪規則之所以存在，可能是因為封閉的社會忽略了「對規則重新審視或更新」的結果。

　　因此現代的孩子對於這些事情感到「為什麼要這樣做？」是很正常的反應。對於孩子單純的疑問，如果父母也感到奇怪，那麼可以坦率的告訴孩子。大人展現停下來重新思考的態度，也是一件很重要的事。

告知孩子後果跟其中的因果關係

對話115 **基礎篇**

BEFORE〉 **不要這樣，很危險**
▼

換句話說
▼
AFTER〉 **如果你這樣做的話，我認為會變成這樣，你還是想做嗎？**

POINT 考慮風險，並在孩子理解後果的情況下讓他挑戰

特別活潑、依情感行動的孩子，優勢在於行動力和創造力，但他們似乎不擅長預料後果。即使大人告訴他們「不要做，因為很危險」，他們還是有可能會不加思索的去嘗試。

在孩子小的時候，阻止他們做某些事的最好方法，是採用具體的措施，但當孩子稍微長大一些時，更好的方法則是透過理性勸導來影響他們的行為。

讓孩子理解「如果這樣做就會變成這樣」、了解行為的因果關係，以及在知曉風險的情況下，讓他們自行決定。例如告訴他們：「即使如此還要做嗎？」或者提出：「為以防萬一，你能這樣做嗎？」採取安全措施並有條件的允許，這些都是很好的對應方法。

在重視孩子挑戰精神的同時，若能提前考慮到風險，會讓他們更容易自我控制。

例如，當孩子想和朋友出遠門時，父母可以提醒：「回家的車費若花光了，就只能自己走路回家，這樣可以嗎？」或者提供有條件的允許，例如：「以防萬一，若能讓我知道你們的位置就行。」這樣一來就可以讓孩子展開自己的小冒險。

對話116 變化篇

BEFORE 你在做什麼！

換句話說

AFTER 現在如果做○○（事情）的話，
你認為會發生什麼事呢？

POINT 在執行之前，請務必停止片刻

　　當孩子的經驗累積到一定的程度後，可以引導他們學會自己預料：「如果這樣做，會發生什麼事情？」

　　好奇心強的孩子常常會說出：「我想到一個好點子！」雖然他們總是會做出一些有趣的事情，但有時候可能會帶給周圍很大的困擾，或是在不適合的場合做出引發不滿的行為。

　　為了避免出現「最壞的情況」，父母需要幫孩子建立在行動前「先暫停一下，然後思考」的習慣，就像交通標誌中的停止標誌。例如詢問他們：「現在如果做○○（事情）的話，你認為接下來會發生什麼事呢？」

　　舉例來說，在婚喪喜慶等正式場合，如果孩子的舉止令人不安，可以問問他們：「如果現在搞笑的話，你認為會發生什麼事情？」「誰會因此而感到困擾呢？」讓他們提前預想一下後果（如果還是無法停止，那麼最好帶他們離開現場）。

　　此外，調皮的孩子對知識的好奇心和探究精神也很旺盛。可以利用這種特性，藉著像象棋、圍棋、桌遊、卡牌遊戲、模擬遊戲、角色扮演遊戲、科學實驗或程式編寫等，做為「遊戲的延伸」，都有助於培養孩子預料後果的能力。

CHAPTER 4

建立自律的對話法

BEFORE 已經來不及了……

換句話說

AFTER 一旦做○○（事情），就會變成這樣

POINT 事前討論一些無法挽回的事

如果是可以挽回的失敗，那就當做是一種經驗。但是，世界上有些錯誤無法挽回，例如犯罪行為或意外事故等，往往造成他人（和自己）身心無法恢復的傷害和損壞。

因此，建議以較輕微的失敗來累積經驗，也可以與孩子一起觀看新聞或節目，以「反面教材」做為範例，親子間一起討論失敗後無法挽回的後果。例如：「到目前為止的社會地位，會因此一下子就失去。」「一旦失去信任，就難以挽回。」

適量飲酒的法則

年輕時，可能不知道飲酒剛剛好的量是多少，因此受當下情況所迫而喝得太多，造成了一次慘痛的失敗經驗。

但是，隨著年齡增長，逐漸能透過身體感受，知道「再喝下去就會宿醉」，並開始控制酒量，例如提醒自己：「今天大概喝到這邊就好。」

或許需要累積一些經驗和時間（包括失敗在內），才能學會預料後果吧！

提醒過去的經驗

對話118　基礎篇

BEFORE　夠了！我不是說過了嗎！

換句話說

AFTER　像這時候，該怎麼做才好？

POINT　製造讓孩子想起過去經驗的契機

不論被提醒多少次，那些一再重蹈覆轍的孩子，似乎很難「在適當的時機回想起過去的經驗」（所以才會一而再、再而三犯同樣的錯誤）。

像這樣的孩子雖然能勇於挑戰、不害怕失敗，卻經常被責備：「我不是已經說過了嗎？」「你要我說多少次才懂？」「你真的有反省嗎？」

或許，這些孩子自己也很明白被責備的原因。

但如果他們不擅長整理、管理訊息，或許就像一個亂七八糟的抽屜，在必要的時候，無法順利從腦海中取出需要的記憶。

對於這樣的孩子，可以給他們一些回想起過去經驗的契機。

例如，當他們找不到重要的東西時（今天已經找了第三次），雖然當下想說的話有很多，但不如給孩子一個契機，詢問一些問題，例如：「在這種情況下，該去哪裡找最好？」「之前在哪裡找到的？」「試著回想一下今天走過的地方」。

BEFORE 你每次一說，就一定要做，完全聽不進別人的建議！

▼

換句話說

▼

AFTER 那時候是這樣，但這次這裡不同呢！

POINT 當孩子不肯妥協，具體解釋情況的不同

前篇提到，有些孩子難以在第一時間想起過去經驗，但也有些孩子雖然能清楚記得過去經驗，卻很難在現實情況下具體運用。

特別是當他們已經有過一次成功經驗，可能會非常堅持那個方法或程序，不容易接受其他的方式，或者無法根據當下情況來改變自己的想法。對於這些孩子，平時可以盡量多讓他們接觸新的知識和各種經驗，同時讓他們意識到，這次與過去經驗中具體不同的地方，或許是不錯的方法。

舉例來說，如果孩子過去曾在餐廳獲得免費的甜點，而今天也堅持要求要得到免費甜點。在這樣的情況下，可以向孩子具體說明這次跟過去的不同之處，例如：「得到免費甜點的那一次是平日，恰巧店裡不忙，所以餐廳才這樣做，但這次是週日，店裡客人很多、很忙，所以我們無法像上次一樣得到免費的甜點喔！」這樣的回應孩子也比較容易接受。

除此之外，針對這種情況提出建議，或是一起尋找解決方案，也是不錯的互動，例如跟孩子商量：「那我們今天要怎麼辦呢？雖然沒有免費的甜點，但還是可以去那家店試試看？或者我們要找其他店呢？」

平靜的重複說明

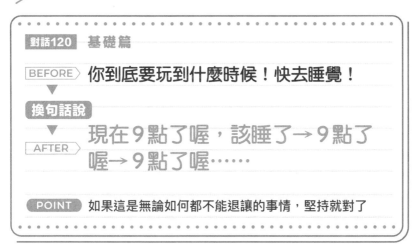

對話120　基礎篇

BEFORE　你到底要玩到什麼時候！快去睡覺！

換句話說

AFTER　現在9點了喔，該睡了→9點了喔→9點了喔……

POINT　如果這是無論如何都不能退讓的事情，堅持就對了

到目前為止，引導孩子的方式主要是教「哪裡不對」和「為什麼不行」，讓他們更容易理解，進而學會自律能力。

但是，其中有些事情沒有特定原因，「無論如何，就是不行」，或許是父母對育兒的堅持，例如「唯獨這件事，我非常希望／不希望你做」，也或許是希望貫徹某種教育方針。

順帶一提，我的堅持是「無論如何都一定要在晚上9點前睡覺」。雖然這是因為要很早起床處理事情的緣故，但我堅信無論多優秀的教育和治療法，更重要的是確保孩子有充足的睡眠時間，因為這是孩子身心健康和健全發展不可或缺的事（笑）。

所以，只有在這個時候，我沒有妥協和談判的空間，「現在已經9點了。」無論如何我就是堅持這一點。做為父母，對於「唯獨這個部分」或「唯獨這個地方」等絕對不讓步的事，只需要用同樣的話，平靜的重複提醒就可以了。

BEFORE　**你到什麼時候才會懂啊！**

 換句話說

▼

AFTER　不可以打人→不可以打人→不可以打人……

POINT　已經理解的規則，就一直確認到能夠執行為止

　　因為在「頭腦上已理解」和「實際執行」之間有一些差距，所以孩子對於「已經理解，但不會的事情」，可能會想要找各種藉口推託。

　　即使如此，只要是孩子理解並接受的規則，就平靜的重複提醒，直到他們能夠確實執行為止。

 教養小祕訣

妖怪「塗壁」的法則

　　當我還是小學生的時候，經常在平日傍晚看卡通《鬼太郎》的重播，其中有一個叫做「塗壁」的妖怪。他的樣子像是一個巨大的牆壁，牆壁上有眼睛和短短的手腳，個性善良且堅強。

　　每當孩子吵鬧，父母不得不站在孩子面前擔任隔絕屏障的場合時，我總會想起「塗壁」這個妖怪。

　　因為卡通中，妖怪「塗壁」無論發生任何事，都只喊著「塗壁」，並以「絕對不讓對方通過」的決心，張開雙手變成一步也不退讓的巨大牆壁。

　　平常盡量以彈性、隨機應變的方式對待孩子，但遇到「唯獨這件事」不行的時候，妖怪「塗壁」就是父母很好的榜樣。

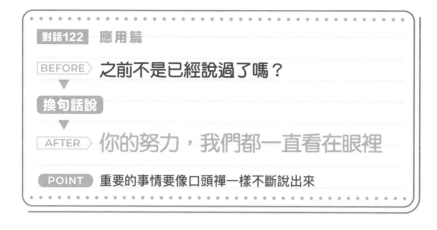

　　父母想要傳達給孩子的看法、想法、習慣、教訓等，這些覺得特別重要的事情，就要習慣性的在適當時機反覆說出來，讓它像口頭禪一樣。例如，每當孩子失去自信時，就要一遍遍對他說：「你的努力，我們都一直看在眼裡。」「你是大器晚成型的孩子。」

　　不斷把父母的愛和孩子的優點說出來，要一直持續告訴他：「沒有比你更可愛的孩子了。」「你真的很聰明／很善良。」直到孩子覺得受不了，覺得「夠了，我知道了」為止。這樣一來，即使父母不在身邊，也能在孩子心中留下深刻的印象，陪伴孩子一輩子，並給予他勇氣及鼓勵，引導他的人生。

CHAPTER

4

建立自律的對話法

向孩子傳達「你很重要」

對話123 **基礎篇**

BEFORE 隨便你！

換句話說

AFTER 因為你很重要，所以媽媽會擔心

POINT 育兒沒有「絕對沒問題」這件事

在這一章節中，雖然我們介紹了各種方法來防止「絕不能做的事情」，但如果最後還是無計可施，就要靠親子之間的默契和情感羈絆來制止！

但是，這種方法就像傳家之寶一樣，不能隨意使用，只有在真正危險的時候，或是眼下雖然沒有明顯危機，但父母有強烈直覺時才能使用。平常還是應該尊重孩子自己做出的決定（在不強迫的情況下，讓孩子隨時誠實表達自己的感受）。

如果日常中，父母能充分傳達「你非常重要」這件事給孩子，那麼孩子就會盡量避免做出高風險行為。然而，我認為在育兒過程中，父母仍然需要杜絕「絕對沒問題」、「我的孩子是例外」這樣的想法。

萬一有一天，孩子陷入極端絕望自暴自棄、被壞人利用，或是受朋友影響，參與犯罪行為而傷害他人，在這些時候，唯有父母不論發生什麼事，都不會放棄自己的孩子，是孩子最後的堡壘。

 學習培養理性

為了培養孩子的自律，學習培養理性也是很重要的（「學習」不僅限於學校而已）。

透過閱讀許多書籍，能學習各種知識，擴展視野，了解不同的人生及思考。在試驗和錯誤的過程中，從不同的角度客觀檢視事物，整理自己的想法。練習有邏輯的表達方式，確保對方能準確理解自己的意思。

確實將知識化為己用，能培養孩子理性的心。

 增加孩子喜愛和重要的事物

除了透過理性的方法影響孩子，豐富孩子的情感也是學習自律的重點。對於孩子來說，「喜歡」和「重要」的事物愈多，他們就愈會避開可能破壞它們的行為。

就像有些大人可能曾因對方的態度而情緒失控，但一想起對方是自己重要的家人，最後還是會選擇息事寧人。

父母應該盡量尊重孩子喜歡的人與事物，不要去否定，並看重孩子的世界。

舉例來說，父母若能做到以下事情，相信孩子更能拓寬他們的世界。

- 對孩子愛護的東西十分珍惜。
- 即使與自己的喜好和品味不同，也要表現出一定程度的理解。
- 不要說孩子的朋友或喜愛藝人的壞話。
- 關心孩子的朋友，例如：「最近，○○（朋友名字）還好嗎？」

只要孩子喜歡自己，能夠好好珍惜自己的身心，我認為他們也有能力去珍惜他人。

Q 鄰居的孩子每天都待在我家，不想回去。老實說，這樣讓我們有些困擾，但又有點擔心他們家的親子狀況。

A 劃出明確的界線之後，以「自己」為主詞表達擔心的心情。

最近，我發現「看起來懂事但有點寂寞」的孩子增加不少。儘管有許多的理由，但當我聽到有些孩子每天都到別人家中待到很晚，或者一個人在公園玩到很晚時，我依然很心痛。

那些經常被大人忽略的孩子，可能因為缺乏自信和各種學習機會，所以無法真正感受到重視自己和他人的感覺。

孩子真正需要的，是安全溫暖的房間、美味可口的點心，和一位像你一樣充滿愛心的父母。

然而，如果有個別人家的孩子每天都來家裡做客，老實說的確令人有點困擾，所以為了自己的孩子，必須明確劃分界線，例如讓他知道「週〇可以來，但不行每天」、「我家門禁時間是〇點」、「只有遵守規則的孩子，才可以在我家玩（如果不遵守規則，就不能進到家裡）」等。

此外，有時候也遇過時間已經有點晚，試著催促他們回家，跟他們說「家人會擔心」，他們卻回說「他們不會擔心，所以沒關係」之類的情況。

這種情況下，最好是用「自己」做為主詞，直視他們的眼睛，嚴肅的說：「我因為很擔心你，所以在天黑之前快回家去吧。」表達自己認真的態度，或許會比較有效。

另外，如果你注意到孩子的身上有瘀青、傷痕，或是非常害怕回家的樣子，請立刻諮詢當地的警察局或兒童保護機構。做為大人，保護其他的孩子，也等於是在保護自己的孩子。

CHAPTER 5

培養共生能力的對話法

本章節是整合前四章而來的「綜合應用篇」。
希望透過親子日常的相處方式,讓孩子在探索
外部世界的同時,減少與周遭人事物不必要的
糾紛,並培養現實生活中所需的社交技能,也
就是所謂的「共生能力」,讓孩子能夠自行應
對問題。

在我們日常的親子溝通中,學習向周圍的人表
達自己的感受,承認與自己不同的感覺和思考
方式,並在做出妥協、讓步和協商的同時,找
到現實中的平衡,便是在培養「共生能力」。

此外,父母也需要承認,曾經一心同體的孩子
與自己的差異,然後慢慢減少干涉、逐漸放
手,這個過程對孩子的未來一定有幫助!

鼓勵孩子表達清楚

對話124　基礎篇

BEFORE 這是在拜託別人的態度嗎？

換句話說

AFTER 可以講詳細一點嗎？

POINT 透過親子對話，培養「恰到好處」的言語

　　首先，大人和孩子都應該牢記，人際關係中的許多問題通常來自言語，有時說得太少，有時說得太多。人際問題乍看似乎是與對方的契合度、個性或人格有關，實際上很多情況都是來自言語的不足或過多而引起的誤解。

　　孩子要學習「恰到好處」的言語，最基本的方法，就是從日常生活中的親子對話裡學習。

　　例如，當孩子口渴說出「茶」時，應該要鼓勵他把後面省略的句子講出來，你可以反問孩子：「茶？（你想要我怎麼幫你）」耐心等待他的回答。

　　也可以用提出條件的方式：「如果你說得詳細一點，我就拿來給你。」或者是教孩子接受他人幫忙時的禮儀，例如父母幫孩子端茶過來時，先等孩子說出「謝謝」再拿給他。這些都是可以訓練表達的方法。

　　特別是經常省略言語的孩子，在他們自己找到合適的詞語之前，請大人先耐心等待，不刻意揣摩他們的意思，這樣他們才有練習的機會。

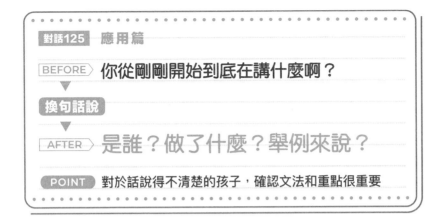

對話125　應用篇

BEFORE　你從剛剛開始到底在講什麼啊？

換句話說

AFTER　是誰？做了什麼？舉例來說？

POINT　對於話說得不清楚的孩子，確認文法和重點很重要

有些孩子喜歡說話，但他們可能會忽略主詞等重要訊息，導致語意不明確，難以歸納要點，且話題跳躍無章、缺乏結構。

如果孩子話說不清楚，可以先暫停談話，跟孩子確認話中不足的訊息，例如「是誰？」「做了什麼？」「舉例來說？」「也就是說？」「所以？」等。也可以跟孩子確認話中的要點：「所以是○○（名字）以前……，這樣嗎？」「明白了，是○○（名字）做了……的意思嗎？」

在日常交談中，注意文法的主詞、動詞和受詞等要素，並抓住話題的要點，對於學習很有幫助。

除了滔滔不絕、說話很快的孩子外，也有說話很慢的孩子，他們會不斷重複同一個音節，例如「嗯、嗯、嗯……」，或是一直反覆「嗯，其實，我想說……」之類的話，需要花費較長時間才能完全說出來。或許這些孩子在重複詞語的時候，正在腦海中尋找（更深思熟慮與適合的）詞彙。

如果催促這些孩子，反而會讓他們更緊張不安，重複的情況更嚴重。因此大人在等待過程中保持平靜和耐心，輕輕點頭附和，才是最好的方法。

CHAPTER 5 培養共生能力的對話法

233

簡短訊息和產生誤會的法則

　　現代孩子生活在數位溝通普遍的環境，他們通常透過訊息應用程式、聊天工具和的社交媒體貼文等方式進行「對話」，注重速度和視覺呈現。

　　為了能夠「秒回」對方，他們使用貼圖、表情符號和縮寫等。例如，「HBD」＝ Happy Birthday，就像解讀暗號一樣（笑）。

　　但貼圖和縮寫有時無法完整表達意思，為了在腦海中完善不足的語意，需要具備察言觀色的能力，因此不擅長察言觀色或容易過度解讀的孩子，比較容易產生心理負擔。也更常因言語上的誤會，引發衝突甚至發生嚴重的問題，導致孩子身心疲憊，從而疏遠社交媒體。

　　此外，如果將縮寫的溝通方式直接應用到面對面的交流中，也可能會出現類似的問題。如果孩子已經普遍接受了縮寫文化，就需要相對應的社交技能適應這種環境。

Q 我的孩子沒有發展障礙，但他和朋友們相處得不融洽，常常出現問題。這是為什麼呢？

A 現代的孩子比較難自然學會社交技巧。

有 發展障礙的孩子大多很難透過模仿其他孩子，來學會社交技巧。但一般孩子通常能「透過觀察周遭學習」，並在不知不覺中持續更新和發展這些技能。

然而，現在的孩子普遍缺乏與人實際互動的機會。因為少子化，所以兄弟姊妹和鄰居的玩伴都很少，又或者是缺乏安全玩耍的場地。除此之外，核心家庭和雙薪家庭增加，也使得親子間的溝通時間十分有限，再加上數位溝通普及，孩子不必面對面就可以在線上互動，這些都是現代孩子普遍的生活環境。

現代孩子與人面對面接觸的經驗，相較於上一代有很大不同。也就是說，不只有發展障礙的孩子，而是現代的孩子都缺乏真實面對面人際關係的學習機會，當然也就較難「透過觀察周遭學習」看似理所當然的社交技能。

這造成孩子在互動上往往缺乏彈性，而陷入某些困境，例如難以確定朋友間的禁忌或行為界線、不了解言語如何恰到好處，也不明白力道剛好的程度，無法接受與自己不同的個性和觀點等。如此一來，有時候小事也可能引起麻煩。

我深切感受到無論是有發展障礙的孩子還是一般孩子，都需要具體去學習如何與人建立靈活的互動關係。

我們就先從日常親子對話開始吧！

培養貼心行為

對話126 基礎篇

BEFORE 媽媽不舒服，看我的樣子就知道了吧！

換句話說

AFTER 媽媽現在頭痛，讓我休息一下

POINT 對於比較不會察言觀色的孩子，要像編寫程式一樣，把貼心行為編寫進去

　　不論是大人或小孩，都有不會察言觀色的人（我家也有），讓人想對他們說：「那種事請自己察覺。」「你用看的不就知道了嗎？」但不要期待對方可以心領神會，清楚明確的表達才是最好的做法。

　　特別是關心他人、考慮對方身體狀況、感受他人情緒等「貼心行為」，是需要一件一件像編寫程式般，逐步且具體的引導孩子。

　　例如，當你因為頭痛而表情凝重的躺在沙發上休息時，孩子卻毫不留情且充滿活力的跳上來，你可以具體的告訴孩子：「媽媽現在頭痛想睡覺，讓我休息一下。」如果孩子理解了，就回應他：「謝謝你。」透過這樣的互動讓孩子學習「關懷他人」的行為。

　　無法察言觀色的孩子其實也有很多優點，例如意志堅強、擅長表達自我。只要為他們輸入合乎當下的適當行為，他們就能明白。

對話127　變化篇

BEFORE　哇，好意外！

換句話說

AFTER　好貼心，謝謝你！

POINT　不要錯過孩子貼心的舉動，有耐心的培養這個特質吧！

　　平時不太會留意周遭的孩子（或者是老公），有一天若突然、偶然、心血來潮的表現出「貼心的行為」時，要及時不吝嗇的回應他們「好貼心，謝謝你」之類的話。

　　例如孩子幫你提了幾公尺的行李（就算是你自己遞給他們，並不小心讓對方拿了），這時候把握機會不錯過這小小的貼心之舉，好好表達感謝，日積月累下他也會逐漸成為貼心的人。

程式設計的法則

　　我的大兒子目前正在上程式設計課，有時從旁偷看他的螢幕，發現這門課對育兒也很有啟發。

　　程式設計的基礎，就是要一直耐心的編寫輸入「如果這個條件成立→這個角色就會這樣動」。再來，透過使用「是／否」等選項進行連續的分歧，或者引入隨機數值，實現更複雜且自然的互動。

　　我認為不擅長「透過觀察周遭學習」的孩子，可以像程式設計的要領一樣來學習「貼心的行為」。

具體表達言外之意

對話128 基礎篇

BEFORE 好冷！

換句話說

AFTER 好冷喔，可以幫我把門關起來嗎？

POINT 不要吝嗇用詞，具體表達「希望對方採取的行動」

在一個非常寒冷的冬天，你正舒服的坐在開著暖氣的房間裡，但孩子卻活潑的衝出房間，把門開著不關。

在這種情況下，即使你稍微嚴厲的凝視著孩子說：「好冷！」他們可能只會覺得：「嗯對，因為是冬天嘛！」根本不會明白你是希望他們「把門關上」。

如果孩子不擅長觀察對方感受，或不懂得判斷現場狀況，那麼只說「好冷」，他可能無法完全接收到你的想法。

因此，建議大家不要吝嗇用詞，直接具體的表達「希望對方做的事」，例如說：「因為這樣好冷，可以麻煩你把門關一下嗎？」（參考Step39，p.132）

也許表達不清楚並不是單方的問題，雙方都應該要確切表達。家事或其他工作或許能省則省，但在溝通上不要輕易省略詞語，具體表達你的想法，這樣平時的壓力才會逐漸減少。

以對方能理解的表達方式「翻譯空氣」

　　如果對方無法理解你的意思，可能是因為接收到的句子太過簡短了。

　　如果想要表達自己的需求，就必須用對方能理解的方式表達，否則雙方的溝通就難以成立。正如不同文化之間的交流一樣，我們需要根據對方的需求進行「翻譯空氣」。

　　對待理性思考的孩子，就像是與外國人交流一樣就好了！

　　就像學習「活用英語會話」一樣，孩子的溝通能力也是透過實際的對話經驗而提升。

〔空氣翻譯表：言外之意篇〕

BEFORE		AFTER
看著火	▶	你可以在鍋子開始沸騰且熱水快流出來之前，轉成小火嗎？
擋到路了！	▶	我想從這裡過，可以請你靠旁邊一點讓我過去嗎？
房間亂七八糟！	▶	可以把地上的垃圾放到垃圾桶裡、書放回書架上嗎？
太邋遢了！	▶	把制服紮進褲子裡、把釦子扣上，這樣不是看起來很整齊嗎？

Q 我的孩子被診斷為自閉症，也就是所謂的「亞斯伯格症候群」，光是和他在一起就覺得非常疲累。

A 與亞斯伯格的孩子相處，若彼此建立起可以「把想說的話都說出來」的關係，會變得輕鬆不少。

辛 苦你了，你感到疲憊或許是因為過去一直在理解孩子的話語，而自己的事和感受卻放在次要位置（這是我的經驗）。

當感情只有單方面付出，溝通上總是有誤會，只有一方不斷配合另一方的時候，難免會感到迷惘心累。

如果你和孩子有建立起穩固的愛和信任，我認為你可以更坦率的表達自己感受：「媽媽不喜歡這樣。」「有點麻煩。」「我不想做這個。」（當然，不能情緒化）。

對於你的孩子來說，就算周圍的人都會顧慮到他的想法和需求，但如果溝通總是單向，或許他也會感到孤獨和寂寞。如果彼此可以建立起想說什麼就說什麼的關係，不是更輕鬆自在嗎？

在這種情況下，我通常會用對待外國人、AI和外星人的方式，來對應亞斯伯格症的孩子。畢竟，他們本來就跟我們的語言（或作業系統）不同，有不一樣的思考方式。

所以在多元語言和文化環境中長大的人，通常非常重視用清楚的言語與明確的意圖，來具體表達「自己想要怎麼做，和怎麼想」。連手機的語音AI或智能音箱也是如此，即使最初對話不順暢，也會逐漸智慧學習。如果將對方視為外星人，就算溝通不成功，也可以輕鬆的想：「因為他是外星人，沒辦法啦！」

育兒是長期戰爭，所以請不要太壓抑自己的真實感受。

解釋情況

對話129 基礎篇

BEFORE 看看場合！

換句話說

AFTER 現在大家都在○○喔！

POINT 只要沒有惡意，解釋情況讓孩子注意就可以了

　　有件事在我們家很常見，那就是當全家人一起看嚴肅的電視劇時，大兒子會突然很興奮的講起他的趣事：「對了，今天發生了一件很有趣的事情。」然後全家人就會一起瞪著他（笑）。

　　兒子本身並沒有惡意，只是沒有注意到周圍的情況。只要跟他解釋：「現在大家正在專心看電視劇喔。」他就會明白。若他還是沒有意識到，你可以明確的把言外之意告訴他：「因為電視劇現在正演到關鍵劇情，可以安靜一下嗎？」如果孩子配合了，不要忘記跟他說聲「謝謝你」（之後再來聽他的趣事）。

　　透過重複這樣的互動，當他明白了「在嚴肅場合中不宜開玩笑」，學會根據場合選擇適當的行動時，接下來就可以晉級到「拍拍肩膀」、「眼神交流」等方式來提醒他就好！

BEFORE　喂，你不能再注意一點嗎？

換句話說

AFTER　你覺得這個主角現在在想什麼呢？

POINT　練習用「想像力」來理解對方的感受

根據場合氛圍來判斷並適應情境，對於比較自我的孩子來說，可能是稍微高一些的門檻。

對於這樣的孩子，可以試著問一些問題：「你覺得現在（這部電視劇）是什麼情況？」「你覺得這個主角現在在想什麼？」讓孩子練習去「想像」劇中情境和角色感受。

如果孩子對此感到有興趣，也許推理偵探小說或懸疑故事等系列的書籍，就會變成他們特別好的教材。

至於較難注意到周圍環境的孩子，可以請他們觀察行為合宜的孩子，問他：「你看，○○（名字）正在做什麼呢？」讓他們注意到身邊的榜樣也是一種方法。

不過，孩子對這位「榜樣」的看法十分重要，並不是選擇師長眼中的好學生，而是要選擇孩子喜歡或感到親近的人，孩子才會更願意去學習模仿。

透過日常生活中的這些小體驗，可以讓比較自我的孩子漸漸學會關心與體貼他人。

Q 我就讀國中的孩子，個性比較認真且有主見，但好像沒有很融入班上的氣氛，有種被排擠的感覺。

A 不隨波逐流，在這敏感的時期是一個了不起的優點。

認真又有主見但不太懂得察言觀色的孩子，從青春期開始，人際關係的困擾或許會開始增加。

在國高中生的群體中，需要會察覺一些小細節，例如在社團中對學長姐的禮節等「潛規則」、誰喜歡誰之類的氛圍、在社交媒體上被已讀不回……同學間經常互相猜測心思。

若沒辦法跟上同學之間的話題，就容易覺得與班上氣氛格格不入，覺得疏遠及壓迫（我自己也有過這樣的經驗）。

但「不懂得察言觀色」也可以說是「不隨波逐流」，其實是了不起的優點。認真又有主見的孩子，能夠不參與同學的不良行動；當班上排擠某個孩子」時，不屈服團體壓力；即使班上吵鬧混亂，也可以在教室角落安靜學習。

這樣的孩子在青春期可能會感到不適應，但不代表多數者就是正確。群體中也需要與眾不同的人。

只要孩子對常識、禮儀、處世技巧等方面有基本認識，並在必要的時候，家長提醒當下適當的行為就好，例如「這樣的情況，大致要這麼做喔」，這樣一來，就足以解決人際關係中大部分問題。

不受環境影響的孩子有自己獨特的個性，我們應該將其視為寶物珍惜對待。

CHAPTER 5 培養共生能力的對話法

讓孩子察覺不同的想法

對話131 基礎篇

BEFORE 那不是你該問的事情

換句話說

▼

AFTER 關於○○的事情，也許有些人不想跟其他人說

POINT 讓孩子意識到每個人對事情的想法不同

　　即使不是故意說出惡言或貶低的話，但卻意外傷害到別人的經驗，我相信每個人或多或少都經歷過。因為每個人對事物的感受、接受方式、生活背景和立場都不同。

　　舉例來說，有些孩子會很高興的分享他們的考試成績，但也有些孩子無論成績好壞都不希望被問。

　　通常大人會從過去的經驗，判斷該與對方討論什麼話題，例如「對於這個人，聊這個話題是可以的」、「這個人的話，不要聊這個話題好了」。

　　然而，孩子們的人生經驗相對較少，尤其是個性或成長環境與一般不同的孩子，當他們把「自己的常識」套用到別人身上時，可能會讓對方感到困擾與為難，進而造成自己也很痛苦。

　　這時要讓孩子意識到「有些人可能會這麼想」或「在某些情況下，也有這樣的情況」，讓他們了解每個人的想法、感受、立場和情況都不一樣。隨著經驗的累積，孩子就會更明白要如何尊重與關心他人。

「不一樣」可以透過遊戲快樂學習

　　「每個人的想法都不同」、「每個人都有自己的優先順序」等觀念，可以透過數位和實體遊戲愉快的學習。

　　數位遊戲是指藉由主角、隊伍組成和指令選擇等因素，享受到不同故事情節的角色扮演遊戲（RPG）和模擬遊戲。它的主題很多元，包括冒險、製作、戰略、戀愛等，因此能輕易的幫孩子找到符合他興趣的遊戲。

　　此外，像實體遊戲的日本將棋和撲克牌也很有趣，最近幾年還有許多做得很好的桌遊和卡牌遊戲，讓玩家能夠練習推理不同立場的想法，以及學習貿易和心理談判等技巧。還有，也可以透過在戲劇等活動中扮演與自己不同性格的角色，或透過辯論和模擬審判等活動，試著站在不同的立場思考，這些都是可以模擬體驗他人心理運作的有效方法。

 ## 對於想法極端的人，需採取明確的處理方式

　　儘管如此還是有一種人，即使你講話已經很小心了，但還是會被對方說：「沒想到你會因為這種小事就生氣！」「完全不明白為什麼突然被你罵！」

　　對方或許曾經受過不少傷，為了保護自己，所以對於一些微小言詞容易過度反應或極端思考。

　　然而，如果你一直緊繃神經，想避免自己傷害對方，就像戰戰兢兢的走在地雷區一樣，非常消耗精力。因此有必要在某種程度上劃出「禁止出入區域」並採取實際的措施。

　　即便如此，如果不小心觸碰到對方的地雷區，也可以劃下「這是對方的課題」這樣的界線，並盡早轉換心情就好。

BEFORE　為什麼你沒有說「不要這樣」呢？

換句話說

AFTER　這種時候可以說「被講○○的話，我會覺得……所以不要再講了」

POINT　用具體的話清楚告訴對方你的想法

若換成是你的孩子被朋友的無心之語所困擾，即使對方沒有惡意，但有些孩子若沒有明確告訴他們，他們是不會自己去意識到，也不會明白的。

也有些孩子即使被說「住手！」也無法理解到需要住手到什麼程度，即使被罵「太差勁了！」也不知道自己到底做錯了什麼。

如果孩子因為朋友的言行而感到困擾，可以提供具體的講法讓孩子參考。重點是讓對方確實明白「你的什麼話語（行為），讓我產生什麼樣的想法」。

有時對方可能不會在第一次就理解，但透過反覆表達自己的感受後，對方可能會逐漸理解到「想法不一樣」這件事。

不必為了對方而單方面壓抑自己的感受。

因為成年後，能夠坦率表達自己的人愈來愈少。如果對方是真正的朋友，那麼就坦白告訴對方，才是親切的表現。

接觸多元化的看法和想法

為了讓孩子能夠想像他人的感受和思考方式，可以在日常的親子對話中，常常提到世界上存在著各式各樣的觀點和思考方式。

若是不善與人交往的孩子，可藉由大量閱讀書籍和新聞來慢慢擴大視野。

父母和孩子討論日常事件或各地新聞時，可以一起推測對方的背景和想法：「可能是這樣，也可能是那樣」（但切記，不要隨意下結論）。

此外，也可以不經意的告訴孩子，社會上存在著各種觀點和文化背景，例如「媽媽可能不介意，但是對方可能會在意」、「在日本可能不會在意，但是在其他國家可能會因為○○，而引發這樣的事件」等。

然而，沒有人可以像占卜師一樣，準確猜測別人的感受，因為只有當事人知道真實情況（有時，連當事人自己可能都不清楚自己的感受）。

儘管如此，當孩子努力去想像和理解他人的感受時，慢慢就會意識到「別人的想法跟自己不同」，而這個過程非常重要。

孩子在嬰兒時期認為自己是世界的中心，但隨著成長，他們逐漸開始看到周圍的事物，到了青春期，他們才開始意識到彼此感受和思考方式的差異。

隨著時間的推移，孩子在界定自我和他人的過程中成長，他們會不斷的理解、反駁，並且可能會感覺有點孤獨，但這都是逐漸邁向成年的過程。

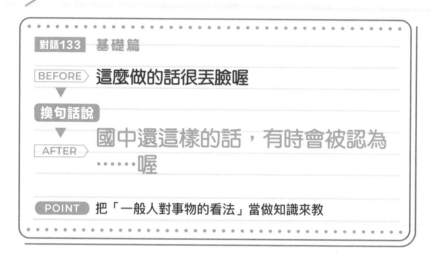

將常識做為知識告訴孩子

對話133 基礎篇

BEFORE 這麼做的話很丟臉喔

換句話說

AFTER 國中還這樣的話，有時會被認為……喔

POINT 把「一般人對事物的看法」當做知識來教

　　即使父母不把孩子與他人比較，讓孩子「做自己就好」（參考 Step30，p.109），但現實情況是，周遭的人可能不會接受。

　　尤其是不易察覺周遭變化的孩子，有些行為在幼年時期或許會被原諒，但如果到了國中、高中時期依然如此，就會變得令人難以忍受。他們不太能注意到周圍異樣的眼光，如果只讓對方稍微感到不舒服那還好，但有時卻會造成不必要的麻煩。

　　不在意他人眼光或難以自然學會一般常識的孩子，特別需要清楚的告訴他們「一般來說，周遭的人會怎麼想」，例如提醒孩子：「這種行為（態度）容易被人誤解為這樣。」「那件事，如果是5歲做的話，會被認為是『可愛』，但15歲做的話，就會被視為『奇怪』囉！」

　　雖然過度在意他人眼光會讓人喘不過氣，但如果能事前了解，就可以避免因「不知道」或「沒有注意到」而造成的不便。

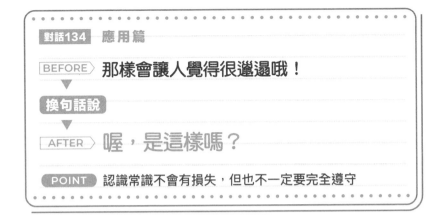

對話134　應用篇

BEFORE　那樣會讓人覺得很邋遢哦！

換句話說

AFTER　喔，是這樣嗎？

POINT　認識常識不會有損失，但也不一定要完全遵守

　　一般常識用學習知識的方式先了解，不會有損失，但並不需要完全遵守。當孩子漸漸長大之後，「明知故犯的行為」就讓孩子「自己負責」就好。

　　例如，青春期的孩子在穿著制服時，常把襯衫的下擺露出褲子，令人覺得不雅觀，即使父母告訴他們一般人的看法，例如說：「如果不把襯衫塞進褲子裡，會給人一種邋遢的印象。」但孩子根本就聽不進去，常會回應：「沒關係，我就喜歡這樣！」（或許他們心裡想「紮進褲子裡，才真的很蠢」）。

　　在婚喪喜慶、學校活動等場合，不懂得應有的禮儀，可能會給周遭帶來困擾；在面試時若留下不好的印象，將對自己帶來不利的影響……透過「用孩子能了解的理由解釋」（Step66，p.217），或是「告知孩子後果跟其中的因果關係」（Step67，p.220）在事前充分溝通。

　　但如果沒有為任何人帶來困擾，那麼尊重孩子個人的意願，並淡然接受「明知道常識，卻不這麼做」，也是不錯的方式。

　　當然，如果孩子因此被學校老師責罵，也是後果自負囉！

CHAPTER

5

培養共生能力的對話法

當父母對自己的生活常識沒有信心時

　　想要教孩子常識，但父母對自己的常識沒有自信時，建議可以用以下的方式一起學習：

- 一起閱讀和觀看有關禮儀和一般常識的書籍和影片。
- 參考一些問卷調查的結果，「這樣想的人，大約有 70％耶」，從數據了解一般大眾的感受。
- 向身邊富有常識的人請教「在這種情況下應該怎麼做？」

　　重新學習「一般常識」，可能會發現很多令人恍然大悟的事。

紐約大哥的故事

　　有一個大人，在路中央一邊跳舞一邊哼著歌，這樣的場景若發生在日本的話，周圍的人可能會敬而遠之，但在其他的環境下，或許這只是「日常風景」。

　　請讓我分享一個回憶。大約在 20 多年前，我大學休學、跑到美國漫遊時的故事。

　　在紐約街道上，來來往往的人群中，有一位大哥，他抱著收音機，播放著很大聲的音樂，跳著輕快的步伐，好像在跟大家說：「請關注我這個大人物！」但周遭沒有一個人對他有任何反應，我記得當時我對這個景象感到震撼。

　　不過我最近瀏覽社群網站時，發現外國人對於日本現況也感到震撼，其中一項原因是看到一位扮成寶可夢造型的人，走在澀谷的十字路口上，大家卻已經把他看成是一種「日常風景」了（笑）。

　　我們一直以來相信與奉行的「常識和非常識」並非絕對，因為它們會隨著環境和時代而不斷改變。

練習從利弊兩面來看事情

對話135　基礎篇

BEFORE 不行，請住手

換句話說

AFTER 我認為……是優點，但……是缺點喔

POINT 提供利弊兩面的判斷依據

不僅是孩子，只要是人都容易關注對自己有利的訊息。反過來說，人有時候也可能只選擇負面的訊息，看待事物也都從同一個角度觀察，並且堅信「這是唯一」、「只有這麼做」等（特別是單純且執著的人，他們都很容易受騙，所以需要特別注意）。

如果可以客觀比較利弊兩面，並在充分理解後再自己做出判斷的話，無論是購物還是選擇未來的職業方向，不管結果如何，都可以減少後悔的機率。

如果父母從日常生活中就會「將優缺點做為一組來看待」（Step29，p.106），那孩子也會漸漸學會從利弊兩面來看待事情。

即使如此，若孩子還是只用單一角度思考並鑽牛角尖，父母可以先提供有關事物的利與弊、優點和缺點、正面和負面的雙重角度，給孩子參考，例如說：「我覺得這事情在……部分是好的，但在……部分有困難。」提供利弊兩面的訊息後，就讓當事人自己做出決定，是最好的方式。

用表格來比較「優點和缺點」

　　想練習從利弊兩面看待事情，最好的方法是親子一起討論，把「優點和缺點」、「利與弊」的內容都寫在一張表上，評分後再加以思考。

　　例如，當孩子看到電視購物節目上的「魔法平底鍋」，覺得「太厲害了！這一定要買！」（這是我家的實際案例）（笑）

〔優缺點的比較：魔法平底鍋〕

優點、利、＋的事情	點數	缺點、弊、－的事情	點數
即使炒釘子 也不會損壞	+9	使用非金屬的鍋鏟 就夠了	-10
即使是肌肉猛男 也無法弄彎	+8	通常在烹飪時 不會這麼用力	-9
不會燒焦	+9	如果是一般的平底 鍋，就算燒焦了用同 樣價格可以購買〇次	-10
總計	26	總計	-29

結論：這次暫緩，先把現有的平底鍋用到壞掉後，再來考慮。

　　像這樣客觀的比較利弊後，再做決定是一個不錯的方法吧！

　　當習慣從兩個面向看待事情之後，即使沒有表格，應該也有能力在腦中進行比較。

「情人眼裡出西施」的法則

有一句俗話是「情人眼裡出西施」，意思是當一個人愛上了某個人時，即使對方有缺點，也會覺得很迷人。

相反的，如果討厭一個人，周圍的一切都會變得不順眼，這就是「恨屋及烏」的意思。

人們一旦被強烈的情感影響，往往只會看到單方面的訊息，這些都是前人的經驗教訓。

如果這種「思維力量」能在個人身上發揮正面作用就好，但有時會變成被周遭誤解的根源，或者把自己逼入困境。

例如，孩子最初只對一個朋友有點介意：「A朋友的這個地方，我不喜歡」原本只是輕微的程度而已，但如果一直只看著對方的缺點，或許就會演變成「我討厭A朋友」→「我也討厭那群孩子們」→「我也討厭這個班級和學校」，如此逐漸擴大討厭的範圍，導致最後被孤立。

如果將孩子之間的問題或爭吵，都歸咎給另一個孩子或學校，並覺得「我的孩子一點也沒錯」，周圍的人就會漸漸對你們保持距離，甚至還可能被老師當成「恐龍家長」對待。

如果只是一時衝動而買了平底鍋那還好，但如果對人際關係有強烈的既定思維，那麼會容易受到傷害和孤立，而且一旦周遭產生了誤會，要再去消除是相當困難的一件事。

所以關於「從利弊兩面來看事情」、「從多方面角度來驗證」等練習，建議可以從身邊的小事，如日常購物、出門地點等開始訓練。

累積足夠經驗之後，就可以逐漸運用到複雜的人際關係上了。

在事實和想法之間劃界線

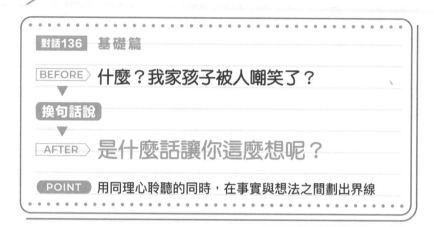

對話136　基礎篇

BEFORE　什麼？我家孩子被人嘲笑了？

換句話說

AFTER　是什麼話讓你這麼想呢？

POINT　用同理心聆聽的同時，在事實與想法之間劃出界線

　　有時候，孩子可能會向我們抱怨「我被○○（朋友名字）嘲笑了」、「我被忽視」。聽到孩子受委屈，父母很難保持冷靜吧。

　　但別急著斷定，對方確實有可能出於蔑視而嘲笑，或是刻意無視；但也可能是為了其他原因而笑，或是當下沒注意到孩子說的話，這兩種可能性都有。

　　為了更清楚事實，父母可以跟孩子確認事件的前因後果、具體的對話內容或行為（事實），以及孩子本人如何看待這件事（想法）。用「聆聽而不否定」（Step12，p.54）和「同理孩子的感受」（Step13，p.57）的方式，來充分接住孩子的心情。

　　接下來，等孩子情緒穩定下來後，用平和的態度跟孩子仔細確認事實，例如問：「是什麼樣的話讓你這麼想的呢？」然後不要否定孩子的情緒和感覺，同時幫助孩子理性客觀的整理「事實」與「想法」，例如跟孩子說：「我明白了。（對方這樣的言行）讓你感覺『被嘲笑了』對吧？」這樣一來，可以幫助孩子釐清事情的全貌並恢復冷靜。

劃分事實與想法的界線

　　青春期的孩子特別敏感，容易受傷，讓人覺得溝通起來比較困難。何況是心思本來就比較細膩的孩子，或是後天因多次失敗、被罵而身心受創，試圖保護自己內心的孩子，就更加不容易了。

　　這樣的孩子即使只是一點小刺激（他人的一句話、措辭、一瞬間的表情或態度等），就可能會讓他們回想起過去經驗而產生強烈的情感，並容易有過度思考、誇張解讀或誤解的傾向。

　　這種情況下，可能會導致他人的誤會，而讓自己重複感到不愉快，甚至演變成被孤立的情況而更加痛苦。

　　在事態發展變嚴重之前，可以從每個人都會發生的「小誤解」開始，練習劃分「事實」與「想法」的界線，較容易讓孩子導正軌道。如果孩子的情況惡化，強烈建議及早尋求精神科、心理諮商等專業協助較好。

　　以下方法有助提升對「事實」與「想法」的區分能力（請注意，孩子單獨實行可能會加強錯誤認知，需要父母或其他大人一起參與）。

- 讓孩子把自己關心的事件寫在便條紙或筆記上，並將內容分類為「事實」、「自己的想法」和「對方的想法」。
- 平常在看媒體報導時，親子一起討論、思考「這是事實？還是只是某個人的想法」等問題。
- 活用學校課程中能區分事實和想法的單元，也可以從市售鍛鍊邏輯能力的練習冊或問題集開始練習。

切換局部和整體的視角

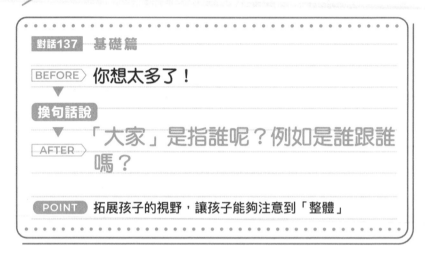

對話137　基礎篇

BEFORE〉**你想太多了！**

換句話說

AFTER〉**「大家」是指誰呢？例如是誰跟誰嗎？**

POINT　拓展孩子的視野，讓孩子能夠注意到「整體」

　　當孩子感到沮喪或煩惱時，他們的思緒可能會被一件事情給占據，無法接收其他訊息。

　　就算是「事實」，如果像用放大鏡觀察一樣，持續放大某一部分，只會讓心靈視野變得狹窄。如果能更靈活的切換「局部」和「整體」的視角，或許可以避免過度思考。

　　例如，當孩子抱怨「大家都欺負我」時，這個情況的「大家」可能是指班上的所有人，也可能是指某幾個人而已，而相對應的處理方式也會有所不同。首先，具體的詢問孩子：「『大家』是指誰跟誰呢？」

　　當然，就算只有幾個人，孩子被欺負而感到痛苦這件事不會改變，因此針對這一點，父母要充分的接納孩子的感受。同時也可以多詢問其他訊息：「其他孩子在做什麼呢？」「誰沒做令人討厭的事呢？」這樣就能幫助孩子注意到「除此之外」和「整體」的情況（如果情況嚴重，應該立即採取反霸凌對策）。

對話138　應用篇

BEFORE ▷ 夠了，給我去上學！

換句話說
▼

AFTER ▷ 是喔，你不喜歡○○小學，對吧

POINT　當話題擴大時，要將「整體」轉回「局部」

　　孩子若在學校經歷太多次痛苦或失敗的經驗，可能會對「學校」或「大家」等「整體」產生負面的印象，而擴大否定的情緒。

　　我再提醒一次，在這樣的時候，首先重要的是充分理解孩子的感受，而不是否定他們的情緒。

　　接著，父母可以用具體的事實把擴大的「整體」轉回「局部」，例如：「我討厭學校」→「你不喜歡○○小學對吧」；「大家都嘲笑我」→「A和B都說了『○○』對吧」。

　　因為現在就讀的學校並不代表所有的「學校」，同樣的，如果用「大家」這個詞來總括所有人，也會忽略個別的「正面存在」或「無害存在」。

　　當孩子只注意到「局部」時，要幫他轉換視角注意到「整體」，當想像擴大到「整體」時，再將注意拉回「局部」，這是提高心理靈活度的關鍵。

　　父母經常帶領孩子靈活切換「局部」和「整體」的觀點，孩子心理的焦點會漸漸調整得愈來愈靈活，也就不會把自己逼到困境，更容易發掘解決問題的正向因素。

257

當言語的刺激不夠時，也可以透過感官的刺激
來幫助孩子

當孩子（甚至是大人）太過鑽牛角尖時，有時連自己都無法從惡性循環中脫身。

這種時候，無論周圍的人說什麼，孩子都聽不進去，很難靈活切換視角（所以平時的經驗累積真的很重要）。

建議可以用具體的行動來擴展他們的視野，嘗試以感官刺激的方法，讓他們自然感受周圍的事物，而不是執著在局部。例如吃個點心、打開窗戶、邀他們去散步等方式，讓他們能稍微休息一下。

個別包裝的點心法則

最近市面上有很多個別包裝或小份量包裝的點心，當孩子不在身邊時，如果我一個人把整袋點心都吃掉的話，我會覺得有些內疚，但是看到小包裝的點心時，就會想「如果只吃這樣的話……」然後就會不由自主的伸出手了（笑）。

人際關係也是這樣，就算對「整體」產生了不好的印象，但是用「個別包裝」，也就是分開看待的話，就會發現「這樣還可以接受」。

例如，每次看到媽媽團都覺得「她們總是一群人聚在一起低聲交談，讓人有點不舒服」，但如果個別觀察每個人、與每個人單獨相處的話，就會發現「○○（名字），她原來很好相處」等。

即使在群體中，每個人都還是有各自的特性，如果能「打開整個包裝」，就能看到個別的特質。

拆解成「個別包裝」的訣竅是，盡量不要使用「大家」或「他們」等這樣的統稱，而是要一一稱呼每個人的名字。

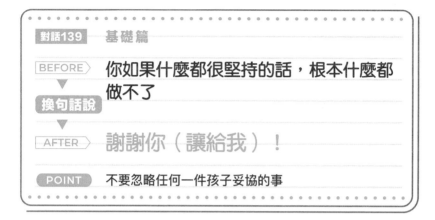

對話139　基礎篇

BEFORE〉 你如果什麼都很堅持的話，根本什麼都
做不了

換句話說

AFTER〉 謝謝你（讓給我）！

POINT 不要忽略任何一件孩子妥協的事

　　如果持續實踐先前的「表達感謝」（Step23，p.86）、「軟化堅持」（Step62，p.205）、「獎勵忍耐行為」（Step63，p.209）等方法，我想親子間的「討論空間」應該增加了許多（應該）。

　　這裡要再更進一步。促進人際關係的訣竅就是，彼此都不要錯過任何對方稍微讓步或妥協的事，並在當下表達感謝，如：「謝謝你（讓給我）」。

　　尤其是執著於完美的孩子，向他人讓步或是妥協，就像自己建造的完美世界被駭客入侵一樣，非常痛苦。

　　追求完美、絕不讓步、不妥協的態度，雖然具有職人精神和追求卓越的潛力，但在人際關係上卻容易給人留下不好溝通的印象，讓人敬而遠之。

　　在人際關係中，累積一些小小的妥協經驗會很有幫助，能讓追求完美的獨特個性，更容易成為優點和才能盡情發揮。

如果孩子在對他們來說不太喜歡或不擅長的事情上，例如整理房間或做功課等，開始說出類似「雖然不喜歡但還是做吧」、「雖然麻煩但沒辦法」這樣的話，父母應該會稍微感到安心一些吧！

畢竟，即使孩子未來很幸運從事自己喜歡或擅長的工作，但不喜歡和不擅長的事情也會伴隨而來，所以遲早都要面對。

舉例來說，不擅長和人交流但能專注於一件事情的孩子，未來可能適合成為研究人員等職業，但即便如此，他們也不能一整天都沉浸在研究室中埋頭工作。

實際上，如果無法進行最基本的人際溝通、辦理公事、雜務和物品管理等，就無法維持生計（這點對於像我這樣的居家工作者和個人企業主也是一樣）。

因此為了追求自己想做的事情，稍微學會忍耐、妥協自己不喜歡和不擅長的事情，這種能力也可以稱為「現實適應力」吧！

就算孩子有點不願意，但還是能夠稍微忍耐或妥協的話，我認為父母應該要開心的給孩子一個讚賞。

麻糬和仙貝的法則

　　如果家長或周遭大人過度期待，不斷施加壓力給孩子（尤其是青春期的孩子），便容易讓他們陷入非黑即白的極端想法中。

　　例如，他們只能想到「去學校還是自殺」、「如果沒有考上當地的第一名校，人生就完了」等極端想法，也容易產生誤解或曲解，更容易患上適應障礙或憂鬱症等心理疾病。

　　為了避免造成這種極端的思考模式，我認為有必要培養孩子的心像麻糬一樣，能夠接受「一點點的妥協」、「不完美」、「隨便一點」、「中間的選項」等。

　　若像仙貝一樣又乾又硬，當感受到強大壓力時很容易就脆裂了。即使孩子天生心性堅定，父母和周圍的大人也應該在表達感謝之餘，告訴孩子：「即使只做了○○，你也做得很好。」用這樣的方式，持續如慢火悉心烹煮般給予溫暖的關懷。

　　此外，即使稍微失敗，如果能以寬大的心態接受，說句「算了啦」、「沒辦法嘛」或「一切都會好的」，這樣一來，或許他們就能成為外皮酥脆、內部綿密，剛柔兼備有彈性的麻糬。

　　雖然我滿喜歡仙貝，尤其是已經非常入味的碎裂仙貝，真的非常美味呢！

Q 我的孩子是獨生子，或許太受溺愛，所以變得很任性，在國中時期變得不愛上學，而周遭的同學們卻漸漸變得更加成熟。

A 在現實和理想之間取得平衡，並逐漸放手是很重要的。

首先，我認為孩子能夠在父母的寵愛下成長，是很棒的事情。然而，在青春期時，孩子會開始看到「現實」的一面，例如「不是所有的事情都會按照自己的想法進行」、「父母會讚美自己，也只是因為他們是親人」等。

有手足或是與眾多孩子一起長大的孩子，通常在搶玩具和爭奪父母寵愛時，經歷了不斷的衝突和和解，因此必然有更多的機會去學習如何面對現實。當他們試圖去適應現實的樣子，從旁人看來就像是變得更加「成熟」。

然而，（不僅限於獨生子女）如果周圍的人過於迎合孩子、一直避開孩子不喜歡或覺得麻煩的事情，總是讓大人來幫助他們，那麼就算孩子能夠培養出自尊心和自我肯定感，但他們對現實的認知能力可能會很差，無法培養出自己的「實力＝自我效能感」。

這樣一來，理想的自我與現實的自我之間，差距可能會變得很大，也可能會因為對學校等環境感到不滿，所以難以建立起平等的友誼關係。

毫無疑問，孩子自己肯定會覺得「沒人理解我」、「明明不應該是這樣的」，並對此感到沮喪和無奈。

為了要克服這一點，我認為需要正視現實，取得現實和理想之間的平衡，然後父母要逐漸放手，讓孩子自己獨立。不用擔心，因為你的孩子擁有很堅強的內心。

練習詢問對方狀況

對話141　基礎篇

BEFORE　**不要隨便亂動！**

換句話說

AFTER　你可以試著問看看店員「這個我可以用嗎？」

POINT　從小事開始培養「與人交流」的習慣

如果父母持續執行了「確認想法」（Step18，p.72）、「提供選擇」（Step19，p.75）、「採納意見」（Step20，p.78）、「詢問孩子是否方便」（Step40，p.136）等行動，孩子會更容易想像「對方也有（與自己不同的）想法，每個人都有自己在意的事」。

即使如此，有些孩子還是會做出容易被認為是「自我中心」、「任性」的行為，雖然也有「能夠主張自我」、「具有行動力」的優點，但如果完全不考慮他人的感受和在意的事，即使有成為領導者或改革者的潛力，周圍的人也不會給予支持。

對於這樣的孩子，若平時能培養「詢問對方是否方便」的習慣，就可以增加孩子發揮優點的機會。

舉例來說，外出用餐的時候，家長除了叮嚀孩子不要擅自使用餐廳旁的空椅，還可鼓勵孩子前去詢問並徵得店家同意，例如問店員：「這個，可以用嗎？」從小事情練習「詢問對方是否方便」，是一件很棒的事。

CHAPTER
5
培養共生能力的對話法

養成「不懂就問人」的習慣

那些不擅長察言觀色或不易察覺周遭情況的孩子，若養成「不懂就問人」這個簡單的溝通習慣，將來肯定會成為一種實用的處世技巧。

不論是潛規則、適當的應對進退，或是對方的感受，若自己已經盡力想像，也在網路上搜尋，甚至在網站上發問諮詢，卻都還是不清楚的話，請直接向對方詢問就好！

一開始，父母可以建議孩子「應該問誰」、「怎麼詢問」，並在孩子養成習慣的過程中給予陪伴和支持。

如果能做到這一點，我相信孩子不必要的麻煩將會減少很多，周遭人對孩子的信任也會提高不少，而原本「無法理解氛圍」這項特質，也能轉變為優點充分發揮！

以下為範例：

〔詢問對方是否方便的句子〕

「現在可以做○○嗎？」 （詢問時機）
「應該穿什麼衣服去呢？」 （詢問適當的場合）
「這樣可以嗎？」 （重複確認或檢查）
「時間方面可以嗎？」「現在說一下話可以嗎？」 （顧及對方下一個行程等）
「（我是想這樣做，但）○○先生／小姐是怎麼想呢？」 （詢問對方的感受和想法）
「哪個比較好呢？」「哪個更適合呢？」 （請對方選出較適合的選項）

Step 82 練習協商

對話142 **基礎篇**

BEFORE ▼ 那是不可能的！不行！

換句話說 ▼

AFTER 那麼，我做○○的話，你能幫我做○○嗎？

POINT 累積「把話說出來就能被理解」的經驗

在本書「打破既定的模式」該篇（Step61，p.202）中，提到了如何在束手無策「之前」和「之後」中間，發現可以做的事情。

若將這個觀點進一步發展和應用，就可以藉由「事前」和「事後」的談判，避開或圓滿解決問題。這也是希望孩子可以學會的技能之一。因為這能減少人際關係中較大的爭執和糾紛。

父母可以先以身作則，展示出「談判」的榜樣。雖然「談判」聽起來好像很困難，但實際上就是「溝通」的意思。

透過累積「把話說出來，對方就能理解」的經驗，孩子將能更輕鬆的與他人相處，不會感到有障礙。

例如，當孩子想要某樣東西或想做某件事時，父母不要一開始就說「不行，不可以」斷然拒絕，而是提出可兌現的交換條件，例如跟孩子商量：「那你能在我做○○的時候，幫我做○○嗎？」透過這樣的溝通，直到最後找到雙方都能接受的折衷方案，這是很好的訓練方法！

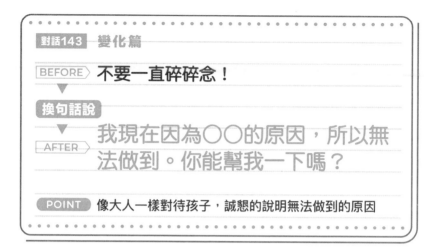

對話143　變化篇

BEFORE　**不要一直碎碎念！**

換句話說
▼
AFTER　**我現在因為○○的原因，所以無法做到。你能幫我一下嗎？**

POINT　像大人一樣對待孩子，誠懇的說明無法做到的原因

即使想實現孩子的期待，總會有因當下狀況而無法做到的時候。在這種情況下，如果孩子一直喋喋不休抱怨的話，可能會讓人想要用蠻力的方式，使他閉嘴（笑）。但在這裡，可以「用孩子能了解的理由解釋」（Step66，p.217）或「告知孩子後果跟其中的因果關係」（Step67，p.220）等技巧來處理。

當不得不拒絕孩子的要求時，以「因為我的關係所以沒辦法達成，感到抱歉」的姿態，誠懇且詳細的解釋「無法做到的原因」，並請求孩子一同協助，是很好的處理方法。

隨著孩子的成長，若還是用給他看動漫影片這種「騙小孩」的做法，讓孩子冷靜下來，可能慢慢的不再適用（我也曾經一直播放「湯瑪士小火車」的影片）。

或許是時候把看待孩子的眼光，從「孩子」轉變為跟父母一樣平等的「獨立個體」，並以對等的方式來對待他們了。

不僅限於孩子的要求，當父母想用強硬手段來壓制孩子的主張時，可以試著想：「若對方是朋友○○，自己會用什麼方式來表達？」暫時將孩子當成朋友或同事的身分，尋找更好的溝通方式，可能會有所幫助。

只要以誠懇的態度向孩子仔細說明，相信孩子一定能夠理解。

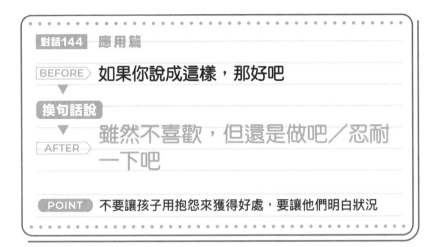

對話144　應用篇

BEFORE ▶ 如果你說成這樣，那好吧

換句話說
▼
AFTER ▶ 雖然不喜歡，但還是做吧／忍耐一下吧

POINT　不要讓孩子用抱怨來獲得好處，要讓他們明白狀況

　　談判很重要，但如果孩子的要求不合理，父母也不能屈服，也不該讓孩子逃避自己本應做的「討厭或麻煩事」。也就是說，父母要避免孩子「抱怨後得到好處」或「逃避後得到好處」。

　　縱容可能會讓孩子學到錯誤的價值（錯誤的習慣）！如果孩子透過抱怨、暴力或大吵大鬧等不適當的行為，獲得他想要的東西或逃避討厭的事情，孩子的要求和不適當的行為只會更加嚴重。

　　生活中，難免會有一些麻煩但無論如何都不可避免的事，這是我們必須要面對的課題。

　　身為父母，我們可以充分聆聽孩子的不滿，並用點心思幫孩子減輕負擔、顧慮孩子的狀況，但在提供協助的同時，也需要明確劃清不可妥協的底線。

　　在這種情況下，可以使用像「我不喜歡，但我會做」、「我會忍耐」、「這次先放棄吧」、「只有這件事我無法妥協」等堅定而認真的表達方式，讓他們做好心理準備。

　　當孩子能夠履行自己的義務和責任時，父母就比平常更加倍的讚美、鼓勵他們並表達感謝。

Q 我的孩子有發展障礙，在中學之前一直接受特殊教育班和資源班的協助，但畢業後該怎麼辦，讓我感到不安。

A 生活技能和成為「可以溝通的人」是獨立的關鍵。

如果家中有發展障礙的孩子，有些家長可能會煩惱要選擇特殊教育班還是普通班，有些家長則會尋求資源班的支援。在普通班級中努力學習的孩子，他們在義務教育結束後，可能會面臨公共支援被中斷的情形。

目前（2020年）在日本，這些孩子在普通高中裡無法找到特殊教育班，也不符合特殊教育學校入學要求，只有部分公立高中開始設立資源班。由於目前的狀況，所以父母會感到不安是正常的。

不過，關於未來的求學之路，現在除了公私立全日制的普通高中，還增加了職業學校、定時制／通信制／學分制高中、特殊學校、自由學校等多樣化的學習場所可以選擇，因此可以更有彈性的考慮符合孩子個性的環境就好。

除了學校的教育外，還要培養孩子獨立自主的能力，這需要靠家庭與外部的支援協助。在家中父母需要耐心的陪伴孩子，直到孩子可以掌握基本的生活技能，如烹飪、購物、金錢管理等。

為了讓孩子在成年之前（或成年後）成為「能溝通的人」，在日常生活中，可以多與孩子討論、協商，並試著妥協和讓步，這對孩子來說是非常重要的過程（這部分也可以委託學校輔導老師、醫療機構、支援機構和民間團體等）。

不論從事哪種工作，一個「完全無法溝通的人」，在人際關係必然會遇到各種困難。然而，若在某種程度上成為一個「能溝通的人」，就算稍微有些個性，也能活得很好！

練習拒絕對方

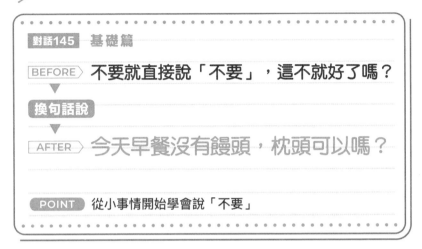

對話145　基礎篇

BEFORE　不要就直接說「不要」，這不就好了嗎？

換句話說

AFTER　今天早餐沒有饅頭，枕頭可以嗎？

POINT　從小事情開始學會說「不要」

太溫柔且經常將自己的感受和需求放到最後的孩子，表面上似乎在班上過得很好。但他們其實很容易將無法說出口的情緒壓抑在心裡，也常常為了不讓父母和老師擔心而顧慮太多，獨自承擔壓力和問題。

如果到目前為止，都一直持續執行「傾聽而不否定」（Step12，p.54）、「同理孩子的感受」（Step13，p.57）等方法，且孩子能夠理解「無論感受如何，都是可以存在的」，這樣的意識會使孩子逐漸學會將自己的感受表達出來。

儘管如此，如果孩子仍煩惱著無法對朋友說「不要」，我們可先從家中小事讓孩子練習拒絕，讓他們習慣說出「不要」。當他們這樣表達時，我們要輕鬆接受並給予支持，這是很好的做法。

舉例來說，父母可以用出其不意的冷笑話來回應，像是：「今天早餐沒有饅頭，枕頭可以嗎？」就像演員練習咬字發音一樣。如果孩子熟悉某些說話方式，相信在外面也就能流暢的表達出來。

孩子的煩惱，父母的示範至關重要

當孩子「因為不想被對方討厭，所以拒絕不了自己不喜歡的事情」時，父母可以透過目前所學的「劃出允許範圍的界線」（Step58，p.192）、「用孩子能了解的理由解釋」（Step66，p.217）等方式給予示範，這樣孩子更容易學會。

就像父母和孩子平常的溝通交流，只不過這次換孩子自己去拒絕他人的要求，因此盡量以禮貌誠懇的態度，解釋無法做到的具體原因，並明確的界定自己可接受的範圍，這樣一來，對方就更容易理解和接受。

這時，如果能多準備其他替代方案或妥協方案，又或者試著提出一些建議，那就更好不過了，例如「但是，如果換成是這個的話，我可以做得到」或者「雖然現在無法馬上做到，但若在週〇之前應該沒問題」等。

然而，這種溝通對大人來說也不容易，因此即使父母在孩子面前示範，我認為孩子也無法立即學會這種能力。

但我相信在不久的將來，父母的示範有一天一定會派上用場。育兒過程中，有些事情一開始看起來可能是多餘和冗長的，但事後卻常常發現它們非常有用。

此外，孩子「無法拒絕不喜歡的事情」背後，通常存在「拒絕後，被朋友討厭了該怎麼辦」的不安情緒。

但如果對方是真正的朋友，當你以禮貌且誠懇的方式說明理由，他們應該就能理解，如果對方是被拒絕就改變態度的人，那他只是想利用你而已，我認為這不算是平等的朋友關係。

為了讓孩子即使長大了也有「就算被那樣的人討厭，對我也不會有太大的影響」這樣的想法，平時就要不斷用各種方式向孩子傳達愛。這樣一來，孩子就會自然遠離那種人。

Step
84 練習向對方道歉

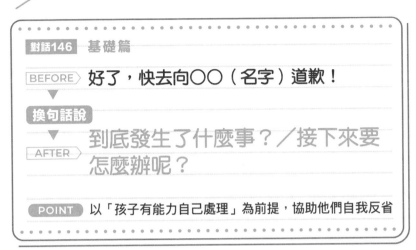

對話146　基礎篇

BEFORE〉 **好了，快去向○○（名字）道歉！**

換句話說

AFTER〉 **到底發生了什麼事？／接下來要怎麼辦呢？**

POINT 以「孩子有能力自己處理」為前提，協助他們自我反省

　　如果父母不時以「向孩子道歉」（Step21，p.81）等方式，親自示範道歉的方法，那麼孩子說「對不起」的門檻會降低很多。另外，透過第4章的方法教導孩子「不能做的事」，也會讓孩子對判斷事物的標準清楚了解。

　　即使如此，孩子也會有自尊心，有時候就算心裡明白也無法真心道歉。

　　在這種情況下，如果大人強制要求孩子：「好了，道歉吧！」壓著孩子低頭道歉，反而會使情況變得更複雜，孩子往往會更加固執，完全不認同自己有錯。

　　首先建議家長以「孩子有能力自己處理」為前提，耐心詢問並聆聽孩子的想法，例如問：「你其實不是會做這種事的孩子，一定是有很重要的原因吧？到底發生了什麼事？」如此一來，可以幫助孩子客觀的梳理情況並反省。

　　等孩子冷靜下來後，家長可以進一步問他：「接下來要怎麼辦呢？」詢問孩子下一步該怎麼做是個好方法。

CHAPTER
5
培養共生能力的對話法

271

因吵架不小心動手時的應對方法

孩子之間發生打架事件，耐心聽完孩子的敘述後，即使家長覺得「這樣，我孩子會生氣也是可以理解的」、「對方的孩子也有錯」，但如果動手了就是不對的行為。

雖然做為父母需要支持孩子，但不應該盲目將孩子的陳述視為「事實」，而且無論原因是什麼，暴力行為都不被允許。

特別是當孩子的身體和力量逐漸成長時，動手可能會給對方的身心帶來無法痊癒的傷害。對於父母來說，這可能是最後能教導孩子「不能做的行為就是不能做」的機會，因為這些行為若是大人做的話，就會變成「傷害罪」（根據暴力行為的嚴重程度，孩子可能也會面臨法律追究）。

無論如何，如果我們的孩子動手了，我們只能做好準備，道歉是唯一的選擇。

如果孩子無法真心向對方道歉，我們可以跟孩子說「我會跟你一起去道歉」，然後牽著他的手，帶著他一起前往對方的家（或者拜託學校安排道歉的場合）。

在這個時候，最重要的是仔細、真誠、一直到最後都聆聽對方的敘述，就算我們心中認為「和我孩子的說法不一樣」也不要反駁，而是以「原來是這樣……」的態度，慢慢點頭且注視對方的眼睛，直到對方的敘述全部結束為止（但如果對方的敘述與事實不符，可以記錄下對話的內容，以便之後與班導師或輔導老師等進行諮詢即可）。

然後，陪同孩子一起低頭向對方道歉，例如說：「讓你這麼痛，真的很抱歉。」在孩子們面前示範「道歉的方式」，是父母可以做到的身教。

如何避免捲入被挑起的爭吵？

在青少年之間，有時候「吵架的種子」就像大拍賣一樣，每個人都很容易被挑釁激怒，但最後不管出於什麼原因，打人者都是錯的，這樣一來，對被挑釁的一方就顯得很不公平（如果處理不好，可能會導致停學或退學）。

首先，當然希望對方不要挑釁，但我們無法控制他人的行為。為了讓孩子不被捲入「被挑起的吵架」，可以將注意力轉向「當對方再挑釁時，自己可以做的事情」，父母可以應用「打破既定模式」（Step61，p.201）的方法，仔細聆聽打架前後的具體情況，將整個過程分為「觸發點、行為、結果」。

可以用「流程圖」等方式畫在紙上，使整個過程清晰可見，以便進行客觀分析。即使看起來像是突發性的衝突，其中必定也隱含著雙方平日不滿的情緒，以及引爆情緒的觸發點。

然後，父母可以從行為的分歧點和孩子一起思考，轉向選擇其他應對方式。關鍵在於透過具體的行為示範，展示應對挑釁的正確行為，其中包括如何選擇忽視。

如果孩子只是被告誡「不要被挑釁」或「不要發脾氣」，但不知道「接下來該怎麼做才好」，只能一再忍耐和忍受的話，孩子最終可能會爆發，而對方也可能持續挑釁，直到他確認你孩子的極限為止。

如果能提供孩子多種具體應對的選項，例如「即使被說『○○』也保持冷靜，離開現場」或「如果快發脾氣了，就去喝杯水」等，那會對他很有幫助。

然而，我家大兒子的老師曾經說過：「比起避免打架，能夠和解反而更重要。」只要沒有太大的傷害，也不失為一種經驗教訓。

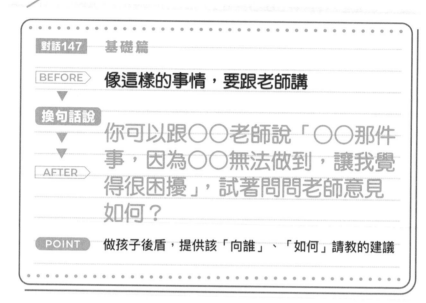

練習討論和請求

對話147 基礎篇

BEFORE ▸ 像這樣的事情，要跟老師講

換句話說
▾
▾
▾
AFTER ▸ 你可以跟○○老師說「○○那件事，因為○○無法做到，讓我覺得很困擾」，試著問問老師意見如何？

POINT 做孩子後盾，提供該「向誰」、「如何」請教的建議

孩子小學時如果在學校遇到什麼問題，父母通常會出面幫忙或寫在聯絡簿上與老師商量。但隨著孩子進入國中和高中，父母參與的機會就慢慢減少，我也認為家長需要逐漸放手。

考慮到孩子成年後遇到「僅靠努力無法解決的問題」時，能夠請求他人的協助，我們應該幫助孩子培養自己找人諮詢的能力。

然而，有些孩子可能對於「跟老師說」感到困難，因此在開始請教之前，父母可以協助孩子整理出「向誰」、「怎麼說」才好的詢問內容，並提供具體的台詞給孩子，是很不錯的學習辦法。

只有在孩子無法順利向他人請教時，父母才需要出手協助。可以告訴老師：「我發現孩子對○○感到不安，所以是否可以請老師有空時，跟他聊聊呢？」若無其事的私下進行協助，隨著孩子自己請教的次數愈來愈多，就可以漸漸放手，讓孩子獨立進行。

分辨能做和不能做的事情

　　遇到問題時先嘗試解決看看，若仍感到困難，再向他人詢問並請求幫助。

　　在請教之前，可先將事情分類成「自己能做到的事情」、「可以努力完成的事情」、「只靠努力難以解決的事情」。

　　例如容易焦慮的孩子對學校戶外教學這種「與平時不同」的場合、作息與住宿感到擔心，在尋求協助前可先進行以下分類：

〔 請教前的分類示範 〕

自己能做到 的事情	● 事前詳細調查住宿地點。 ● 在家裡習慣當天的睡覺時間。
可以努力完成 的事情	● 如果有一些熟悉的物品，像是書籍、自己的枕頭等會比較安心（→請求允許攜帶這些物品）。
只靠努力難以解決 的事情	● 在吵雜的環境下無法入睡（→詢問「希望能跟較安靜的孩子同房」等事項）。

　　若明確告知「在哪方面」、「到什麼程度」、「舉例來說，以什麼方式」進行協助的話，有助於找到更具體的解決方案。

　　如果不敢表達，可以準備上方表格或整理好諮詢內容放在手邊，以便參考！

　　如果孩子仍然有困難，也可以由父母陪同參與，但盡可能讓孩子用自己的話向對方說明，父母則是擔任輔助的角色。

　　讓孩子自己試著說明：「到這個程度我能夠做到，但從這之後會有點困難，所以能否請你（例如可以這樣做）幫助我？」「如果能夠得到這樣的許可（或是關照、說明等），我相信我可以做到。」當孩子向對方清楚表明自己能做到的事，又禮貌的提出請求，我認為這樣更容易獲得他人的理解和協助。

Q 孩子有發展障礙的傾向，讓我們對各種事情都感到擔心。最近，可能是因為到了青春期的緣故，孩子變得不再跟我們談論許多事情。

A 讓孩子學會自己向老師請教。

雖然我們都希望孩子能夠對父母敞開心扉、無所不談，但這情況會隨著孩子長大變得愈來愈不容易。像戀愛、性方面等事，都是難以向父母說的煩惱，有時孩子也會對父母不滿，想要跟別人抱怨（其實這就是孩子長大的證明）。

在這個階段，父母請繼續聆聽孩子的話，不否定他們，同時要確保他們有「除了父母之外的請教對象」，例如朋友、老師等。但有些問題即使與他人討論也無法解決，如果是不想讓他人知道的事情，或是複雜且嚴重的困擾，就需要專業的知識或第三者的觀點。

在這種情況下，我推薦讓孩子運用學校輔導老師等專業人士的服務。因為在輔導過程中，孩子會用自己的話來解釋自己的事情，這項經驗也很重要。

但如果孩子目前處於嚴重困難中，可能會缺乏行動力，突然聽到要做心理諮詢也許會難以接受。

因此就像進行避難訓練一樣，平時的準備很重要。在孩子相對冷靜的時候，事先告訴他們「這是一個可以幫助你的地方」、「只要這樣做就可以預約喔」、「有這樣的老師會聽你講話」等，如此一來，在他們需要的時候就能派上用場！如果對諮詢感到不安，一開始可以進行親子面談來熟悉。

雖然父母的擔心永遠不會消失，但是當外面也有更多支持孩子的人出現時，相信孩子會逐漸學會靠自己的力量走向未來。

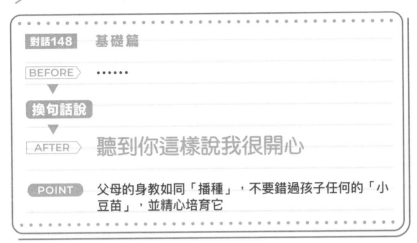

對話148　　基礎篇

BEFORE　……

換句話說

AFTER　聽到你這樣說我很開心

POINT　父母的身教如同「播種」，不要錯過孩子任何的「小豆苗」，並精心培育它

　　你還在持續執行「表達感謝」（Step23，p.86）、尋找「感謝種子」嗎？（如果你說：「我忘了！」那麼我會很期待看到你重新挑戰）。

　　如果父母不斷示範給孩子看，直到某天因為某件小事，感恩的話語開始從孩子身上冒出來時，父母就可以開心的說：「感謝種子，發芽了！」

　　父母若能細心照顧這株小豆苗並讓它扎根，我相信它會長成支撐孩子一生的堅強樹幹。為此，當孩子說出「謝謝」時，父母可以即時給予回饋，例如「我很高興」、「不客氣」、「我也是」等言語肯定或是微笑點頭，告訴孩子：「這很棒！」

　　不僅限於感謝之詞，當孩子出現的「小豆苗」朝著正確方向成長時，父母千萬不要錯過，及時給予良好的回饋非常重要。

　　透過這樣的支持和陪伴，孩子將逐漸變得堅韌和強大，並在這一方面得到健康成長。

播種的法則

我常認為，父母在孩子面前持續表現的言語和行為，就跟「種子播種」很像。

到目前為止，我已經分享了許多父母對孩子的對話範例，而這些都如同「播種」和「澆水」。

透過給孩子的心田播種、澆水，持續有耐心的對話並關注他們的優點和成就，將它們放在陽光充足的地方，然後時不時放在膝上用「我愛你」、「你很重要」來溫暖他們，如此才能等到小豆苗發芽的一天，不是嗎？

父母想要播種的種子有「感謝種子」、「對不起種子」、「動力種子」、「好奇心種子」、「關懷種子」……雖說欲望是無止盡的，但我認為播種的種子愈多，「可能性的種子」就愈可能出現。

然而，即使我們用同樣的方式播種，每一個孩子的發芽時機是不一樣的。

有時，就像孩子在多年前的暑假作業中，所栽種的牽牛花種子一樣，在大家都遺忘的時間點，突然在庭園裡發芽了。同樣的，父母在孩子心中播下的種子，或許會經過很長一段時間後，才偷偷冒出小小的芽頭。

育兒並不是一項立竿見影的事。儘管如此，不管是父母祈禱孩子幸福人生所播下的種子，或是從中不斷冒出可能性的小豆芽，以及珍惜並重視培育著孩子的個性，這些都是來自於日常親子交流所獲得的營養，沒有一絲一毫是浪費的。

這些都將成為孩子成長的糧食。

所以，父母偶爾放鬆一下也沒關係，只要我們持之以恆的播種和澆水，直到孩子「獨立」花朵綻放的那一天。我們只要一起在陽光明媚處笑著，一起慢慢的成長，親子一同快樂的長大就好。

EPILOGUE

結語　為自己打氣

最後，這一個步驟是要承認，自己和孩子「即使已經很努力了，但仍有無法做到的事」，然後寬恕並接納這個現實的過程。

這是父母給自己，還有給那些正慢慢脫離父母照顧的孩子「為自己打氣」的對話法。現實生活中，不論是育兒還是人生，儘管我們拚盡全力，但仍有很多事無法按照我們的意願和理想進行。

孩子有自己的想法和個性，有自己的人生。父母也會有情緒、界限，有很多做不到的事情。

像這樣的時候，只需要稍微轉換一下對自己說的話，也許就會發現事情變得輕鬆許多。

遠離那些逼迫自己的話語

對話149 基礎篇

BEFORE 絕對要這樣做／一切都應該是這樣

換句話說

AFTER 如果可以的話，我想要這樣做／
我想盡量變成這樣

POINT 要有意識的捨棄追求完美所使用的偏激言詞

這個世界上充斥著很多看似「理想的孩子」和「理想育兒」的資訊，所以也許你會感受到很多嚴厲、苛刻的眼光，來自老師、孩子同學的媽媽、祖父母等周遭的人。

如果你常感受到育兒的巨大壓力，那就很容易不小心陷入「一定要這麼做」、「一切都應該是這樣」的極端思維裡，進而把自己和孩子都逼得走投無路。

這時若能先從言語上開始稍微放寬，會是一個好方法。

想要孩子「文武雙全」、「與人為善」、「無論身在何處都不會令人感到丟臉」等，擁有這些理想和願望是好事（雖然這有點太過夢幻）。但那不是「絕對」，也不是「一定」或是「無論如何」，就算沒有達成，他們還是可以成為一個成熟的大人。

將「絕對」、「一定」、「無論如何」變成「如果可以」、「盡量」、「希望這樣」、「想這樣做」，如果我們能放寬使用的語言，那麼喘不過氣的感覺就會減輕不少。

對話150 變化篇

BEFORE 你總是這樣／果然如此

▼
換句話說
▼

AFTER 現在或許是這樣／嗯，也是會有這種事情

POINT 孩子最大的強項就是成長，不要擅自決定他們的可能性

　　除了偏激的言詞外，我們應該也要遠離妄下定論的言詞。雖然這些定論可能是根據「父母的經驗」累積而來，但如果每當孩子失敗，父母就用「總是」、「果然」、「一定」、「果然會變這樣」、「最後一定會變成這樣」等下定論的講法，將會限制孩子成長的各種可能，實在非常可惜。

　　在這種情況下，我們應該有意識的含糊帶過，例如說：「現在可能是這樣吧。」「這種事情也是有的啊。」即使孩子犯了錯，就告訴自己這只是偶然的情況就好。

　　實際上，孩子最大的強項就是「成長」。

　　每天重複做著相同的事情，可能會讓人覺得沒有任何進展，但每個孩子每天都確實在長大、在改變，這就是「孩子」。如果意識到自己用妄下定論的言詞，只關注到孩子做不到的事，可以試著模糊焦點，多用「也許吧」、「應該吧」、「可能吧」等開放性的詞語，以此調整自己的措辭，使自己的話語更加溫和。

在父母身邊可能會遇到一些「喜歡下定論」的對象，例如孩子同學的媽媽、同事、老師、熟人等。這些人經常使用「絕對」、「總是」、「果然」等口頭禪，所以在面對事物時容易傾向用「0或100」「黑或白」的方式來看待。這可能是他們天生的個性，也可能是後天的影響，例如（容易令人喪失信心的）育兒方式、那個人本身的成長背景，或者是對方正處於被孤立或壓力巨大的工作場所與社區等。

如果對方是對自己很重要的人，而且本人似乎也為此苦惱，那麼在進行溝通時，可以參考第5章的內容，在自己「可以做到的範圍內」靈活切換觀點，中立且適度的進行對話。也努力避開會讓自己陷入困擾的環境與情況。

但是，如果認為與對方的關係「沒有必要做到那種程度」，而且對方下定論的程度超出了自己可接受範圍，那麼保持適度的距離並避免頻繁交流，也是一種處世之道。例如，當媽媽們之間開始妄下定論：「那個老師絕對是這樣……」、「那個媽媽果然是那樣……」一直聽著充滿爭議的話題既令人不悅，贊同她們的壞話也不好，在不能離開場合的情況下，我會以「嗯，也許是這樣吧」、「我其實不太清楚」這樣的方式，既不否定也不認同，輕描淡寫的應對（當然，有時候別人也會擅自把我的回應當做是默默贊同）。

我認為若是遇到極端固執的人，就不要跟他們來往，這樣也是保護自己很務實的方法。然而，如果情況不允許，我建議包括在社交網站上，都不要進行一對一的互動，也不要在同一個空間獨處比較好。

承認自己的極限

對話151 基礎篇

BEFORE 我會盡力／我會讓你盡力

換句話說

AFTER 我做不到

POINT 無法做到的事情，可以坦白的說「做不到」

　　承認自己「無法做到」某事，需要非常大的勇氣。

　　很遺憾的是，這世上確實有很多無論對父母或孩子來說，就算努力也無法克服的事情（當然，我也一樣）。

　　有時堅定的舉白旗投降，說：「我再也無法繼續下去了！」「自己（孩子）只能做到這了！」也是為了在嚴酷的現實中生存所必備的智慧吧！

　　對於無法做到的事情，坦誠告訴對方「我無法做到」是最好的選擇。對方也許會有其他可行的方法或應對策略，而你或孩子也可以從「無法做到」的前提出發，尋找新的解決方案或是向他人尋求幫助。

　　當然，如果只是逃避問題將一切都推給他人處理，周圍的人也很難體諒和協助。但如果到目前為止你已經盡自己最大的能力，想要請人幫忙，那麼周圍的人一定能夠理解。

　　沒有必要一個人去承擔一切。

BEFORE 我要滿足你更多的期望！

換句話說

AFTER 不能滿足你的期望，非常抱歉！

POINT 對於他人過度的要求，要禮貌且堅定的拒絕

不顧一切努力滿足對方的期望，可能會帶來一些負面影響。

像是對方因此認為：「你無論如何都能滿足我的期望。」接著不斷提高要求，甚至要你做出超過極限的努力，完全賴著你、隨意利用你。

如果你為了達到對方期望，拚命到超過自己極限的地步，不論是身體或心理都將疲憊不堪，最終燃燒殆盡。

我再提醒一次，凡事「適可而止」很重要！看清自己的極限，並在某種程度上劃清界線是必要的。

把自己放在適可而止的位置，並做一個「（配合度高的）好人」角色就好了！如果對方對你提出超過自己極限的過分要求，就回答：「未能滿足你的期望，非常抱歉。」這是很萬能的一句話。以禮貌且堅定的態度去拒絕是沒有問題的。

有些人可能無法理解並感到憤怒，但那是對方的課題，你不必責怪自己，只需等待風暴過去即可。

有時候，向孩子展示不要超越極限、不要勉強做到更多，這樣的示範也是教育的一部分。

「在自己能力範圍內」的原則

藉此機會，讓我整理一下自己的心。到目前為止，我一直不斷提到「在自己能力範圍內」，就像設了一道防線，其實這是有原因的。

我在 Step21 中提過我勤勞的母親，其實她就是因為過度勞累而縮短了壽命。

上高中的時候，有一首歌在日本風行一時，歌詞中問道：「你能工作 24 小時嗎？」正如歌詞所說，我的母親確實是一年 365 天全年無休，就連過年的時候都在工作。

由於父親有自閉症的傾向，並且因處理不當，在二次傷害中還併發了心理疾病，所以無法全然依靠父親工作，因此老家的公司實際上都是由母親一個人在經營，工作內容就是以母親樂觀向前、熱情待人、善於照顧他人等特質，所設計出來的服務型工作。

此外，母親偶爾也要處理父親在人際關係方面的問題，同時也關心他人的困難並提供諮詢，還擔任家長會和社區組織的職務，無論什麼事情都積極行動，所以受到身邊人的喜愛和依賴。

我從來沒有聽過母親說「做不到」，我尊敬這樣的母親，一直以為她是一位不死之身的女超人。

然而，在泡沫經濟後，客戶大幅減少，我和妹妹也都接近成年，當我們以為「現在母親終於可以休息一下了」的時候，母親突然痴呆了。

她患有早發型阿茲海默症，病情惡化得很迅速，在不到一年的時間裡，她就認不出我，然後陷入了長達七年的昏迷狀態，最終因身體虛弱而過世。

無論是怎樣的偉業，都是建立在自身的健康和生命的基礎上。

因此，我一直想告訴每個人，無論是孩子還是大人，「在自己能力範圍內」就夠了。

接受無法做到的自己

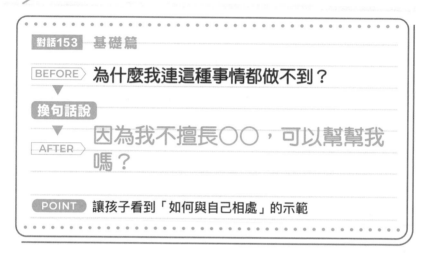

對話153　基礎篇

BEFORE〉為什麼我連這種事情都做不到？

換句話說

AFTER〉因為我不擅長○○，可以幫幫我嗎？

POINT　讓孩子看到「如何與自己相處」的示範

　　如果透過本書的對話方法，能讓你的家庭感受到正向的變化，例如：父母只要根據孩子的個性給予適當回應，他們就能明白；只要好好說，孩子就能理解；孩子們可以做到的事情不斷增加；親子關係（相對）處於良好的狀態……對我來說，沒有什麼比這個更開心的事了。

　　此外，這些育兒經驗的累積，也將成為父母跟自己相處上很重要的提示。

　　仔細觀察孩子，專注於他們能做到的小事，盡力降低他們不擅長部分的標準，應該就會發現，孩子能夠做到的事情其實相當多。接下來，嘗試把目光轉向自己，我認為父母也能過得輕鬆不少。

　　誠實告訴孩子自己不擅長的事情，請他們幫忙或請他們自己處理，示範責任分擔也是一件重要的事。我認為這也是孩子能跟自身輕鬆相處的關鍵。

對話154 變化篇

BEFORE 什麼是因數分解？

換句話說

AFTER 媽媽不知道，你自己查一下好嗎？

POINT 培養孩子的自主性，就是「不知道、做不到、不懂」

我覺得培養孩子的自主性，最厲害的魔法詞彙就是父母的「不知道、做不到、不懂」（笑）。

但是，有些孩子在失去信心、面對不熟悉或不擅長的事時需要細心陪伴，若一下子就放手，可能會使他們心灰意冷。

因此請參考第1～3章內容，先穩定孩子的心，累積一些「我做到了」的經驗後，當父母放手，他們就不容易崩潰了。

這樣實踐之後，可以從孩子比較有動力又擅長的事、喜歡的事、相對熟悉的事，開始循序漸進的減少干涉，慢慢放手。

實際上，當孩子上國中後問我課業的問題，像是因數分解，我也沒辦法馬上回答了（這是我自己的例子）。

在這種情況下，與其隨便教他們不清不楚的知識，不如給他們一本易懂的參考書，坦白的說：「媽媽不知道，你自己查一下好嗎？」如此對雙方都有好處。

就算被孩子發現「父母也有不知道、做不到、不懂的事情」也沒關係，因為這樣更符合人性，不是很好嗎？

BEFORE 我在工作上也不擅長○○

換句話說

AFTER 因為我不擅長○○，所以可以麻煩你幫忙嗎？

POINT 首先要了解自己的個性

　　父母也是一樣，在工作或家長會等活動中，面對自己不擅長的事也會有壓力。在努力嘗試後如果仍然無法做到，不妨向周圍尋求幫忙！

　　我們並不需要自己一個人去追求100分。家庭和工作都可以做為一個團隊，彼此互補不擅長的事情，用「全體成績的總和」來思考就可以了。我在工作中常用的是……

〔拜託別人的句型範例〕

因為我做○○有些困難，所以如果可以幫忙○○，我會很感激。
（提供具體的替代執行方案）

能在○月○日之前把需要做的事情，按照先後順序列給我嗎？

對於不懂的事情，我可以請教○○先生／小姐嗎？

因為我比較○○，如果你有注意到任何事，請不吝告知。

如果可以把關於○○的事情，事先解釋給我聽，我會比較放心。

感謝你總是耐心合作，非常感謝！

無法做到的部分也要珍惜

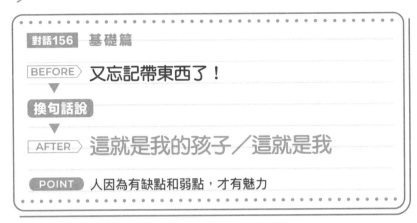

對話156　基礎篇

BEFORE> 又忘記帶東西了！

換句話說

AFTER> 這就是我的孩子／這就是我

POINT> 人因為有缺點和弱點，才有魅力

　　這是「將優缺點做為一組來看待」（Step29，p.106）的進階形式。藉由「凹凸轉換」等方法，讓我們能夠將優點和缺點「視為一體」，最後接受缺點仍然是缺點，弱點仍然是弱點，並將其視為「這就是我的孩子」、「這就是我」，然後珍惜和重視它們。

　　正因為父母和子女都有不完美的地方，才能展現出各自獨特的魅力，不是嗎？

　　因為每個人都有缺點，人們才會需要彼此；因為對方有脆弱的一面，我們才能感到親切。

　　看似完美無缺、才華出眾、身姿窈窕的美麗女演員，是不是有點令人感覺難以接近？（其實，她們肯定也有自己的煩惱）

　　當孩子或自己的缺點和不足讓你在意時，不妨在心裡的某個角落，享受那些人性特有的魅力，全心全意去感受並喜愛這些特質，這樣或許能夠放鬆不少。

BEFORE 〉 **當孩子情緒低落時，該說些什麼好呢⋯⋯**

換句話說

AFTER 〉 **媽媽以前也不擅長○○**

POINT 〉 缺點、弱點和失敗的經驗都是一種「財富」

　　當孩子因為跟他人比較而失去自信、感到沮喪，或是因為做不到的事而覺得焦躁時，如果父母願意跟孩子分享自己的失敗經驗或不擅長的事，也許是最好的鼓勵方式。

　　例如我會告訴孩子：「媽媽以前也不擅長和人交談，現在還是一樣。」「媽媽也不擅長運動，小學時，有一次馬拉松比賽我還偷懶跑去休息了。」「爸爸以前也非常容易怯場，所以能理解你緊張的感覺。」或許聽到這些話，能讓憂鬱的孩子感到安慰，表情明亮起來。

　　有時候父母光鮮亮麗的成功故事、英雄事蹟和正面的建議，反而會導致孩子更沮喪、更有壓力，但若是分享與孩子情況相似的失敗故事，反而能讓孩子產生共鳴，感到安心，「即使是這樣的我，也沒關係」，進而振作起來（奇妙的是，分享的父母也會感到振奮）。

　　如果這能成為孩子心靈的營養，那麼父母的缺點、弱點、搞砸的經驗和不堪回首的黑歷史等，都不算是「徒勞無功」。

　　缺點和失敗都是財富。能夠正視自己無法做到的部分，才能真正肯定自己的感受。

我家狗狗的投降姿勢法則

我家的狗狗，總是立刻露出肚子。

在家人面前，牠會仰躺下來，好像在撒嬌似的說「摸我的肚子」，非常可愛，但是牠這麼輕易暴露自己最大的弱點，讓我有些懷疑：「牠是不是有點缺乏危機感呢？」（笑）。

但根據介紹狗狗的書籍，這似乎是牠對飼主的信任，並且表示牠感到安心和放鬆的證明。

另一方面，在散步時，當遇到像熊一樣高大的鄰居時，牠也會突然翻倒並露出肚子。

但我不認為這是處於放鬆狀態，而是有種「我投降了，不要攻擊我」的意思。

也就是說，狗狗展示自己的弱點，既是向對方表現信任，也是一種自我防衛。

從一些知名藝人部落格裡的爭議事件中可以看出，愈是外表看起來完美、幸福的人，愈是容易被大家找碴，成為被攻擊的對象。

所以向對方展示自己的弱點，快速採取「投降姿勢」，可能是一種聰明的生存策略。

「平凡」也要珍惜

對話158 基礎篇

BEFORE 我只是想平凡過日子而已……

換句話說

AFTER 今天是平順的一天，媽媽很開心！

POINT 「安穩的生活」始於對平凡的重視

　　即使是沒有特別表現的一天，但平時吵吵鬧鬧的孩子們，偶爾能夠和平相處；平常無法持續專注的孩子，能夠好好完成作業；經常被警告的孩子，在玩耍時保持冷靜……請父母注意到這些表現，並給予孩子肯定的回應。

　　「今天是平順的一天，媽媽很開心！」「作業進展得不錯！」「哇，那看起來很有趣！」僅需簡單一句話，父母能夠傳達「我注意到了」的訊息就好了！

　　育兒確實非常辛苦，父母可能只希望平平順順過日子就好。然而，有時就連「平凡的時光」也很難得。

　　正因如此，即使是偶爾的一瞬間，只要孩子能做到「平凡」的時候，不妨不經意的給予一些回應，如此一來，「即使沒有特別的表現，能夠平靜、安穩度日」的時間，應該就會漸漸增加。

　　這是邁向夢寐以求「安穩生活」的第一步。

閒聊的建議

你有和孩子「閒聊」嗎？

所謂的「閒聊」是指，除了關心孩子在校的作業進度、考試成績、社團活動、孩子在房間或社交網站上做些什麼等，這些父母在意的事之外，討論「日常話題」的時間。

我認為平日親子無意間的閒聊，最能培養孩子的溝通能力，一旦孩子閒聊的能力提升，人際關係也會大幅改善。

然而，有時候孩子無法直接理解父母心意，因為親子間的衝突而感到筋疲力盡，或是父母每天忙於各種事務，導致沒有時間可以好好閒聊。

首先，需要透過本書所提到的有效溝通方式，讓彼此有些餘力。只要當你稍微感到心情上有些餘力時，不妨試著和孩子閒聊各種話題。

有些家庭可能會遇到話題難以持續的情況。即使如此，如果你一直仔細觀察且努力去理解孩子，就一定能找得到話題。

當孩子聊到熱中或感興趣的事情，父母只需要「嗯，嗯」這樣聽著他說就可以了。

即使孩子講的是一些無聊的事情，或是毫無重點的對話也可以。家人一起看電視、一起用餐，隨意說些不相干的話，只要彼此都覺得「談話很有趣」，什麼話題都可以。

如果親子間能一起享受這些日常的「閒聊」，這將是非常美好的「平凡生活」。

在家庭式餐廳中，盤子摔破時……

當我們在家庭式餐廳和親友一起開心享受美食，或是獨自用餐專注手機畫面時，通常不太會注意到周圍的情況。

突然間，服務員不小心把盤子摔破，發出巨大的聲音，這時就會立即引起餐廳客人關注，對吧？

那位服務人員在摔破盤子前，可能一直忙著接收訂單、上菜、收拾空盤子……他其實一直很努力在工作，但對於客人來說，這些都是餐廳中理所當然的事情，大家都習以為常。

然而，人們只有在聲音很大的時候、有事情發生的時候、失敗的時候，才會注意到。

育兒過程中也是如此，父母往往只在孩子出錯時才會注意到他們，就像鄰居也只有在隔壁父母大聲吵架時才會（透過牆壁）聽到聲音。

若我們只注意到孩子特別的行為，當孩子連續失敗時，就會產生「我的孩子總是失敗」、「那個家長總是在發脾氣」這樣的錯覺。

除此之外，多數的時間裡，也就是「平常的時光」、「理所當然的日常」、「平順度過的時間」，之所以能夠維持，我認為隱含了很多父母和孩子看不見的努力。

而這種「平常的時光」看似理所當然，但其實只要有人或環境發生變化，可能就會輕易的瓦解，出乎意料的脆弱。

因此，是否意識到「平凡日常」的價值，就是提高育兒和對生活滿意度的重要關鍵。

Q 因為我和孩子都有發展障礙，所以在多數為「正常人」的世界中，我們都感到生活很難。

A 「發展障礙」只是個性的一部分，並不代表一個人的全部。

我 非常理解你的心情，在這個世界上，只因為不是多數人的那一邊，就會被貼上「障礙」的標籤；只要稍微和他人不一樣，就會感覺周圍好像充滿「有問題」的氛圍。

我也常常在想：「會不會其實沒有『正常人』？」

不過，雖然可能很辛苦，但若只專注於「與大家不同」和「差異」，或者僅把孩子和自己的個性歸咎於「發展障礙」或「ADHD」等方面，只會讓你更感覺被社會拒絕而已。我相信你和孩子一定也有「正常」的一面。

「發展障礙」等詞語，只是將一個人個性中的「某一部分」具體化，並不代表那個人的全部。

即使與周遭的人在感受和興趣上有所不同，但品嘗美食覺得「好吃」的感受是一樣的；笑點可能不同，但在開心時都會想笑也是一樣的。「發展障礙」一詞，在理解自我和尋求支援時確實有幫助，但比這更重要的是，你的孩子有他自己的名字，而你也有你的名字。

除了你的名字外，沒有其他詞語能夠代表一個人的全部。不論是發展障礙的部分，還是正常的部分，全部都包含在「某某小朋友」、「某某先生／小姐」之中。

發展的「凸」也好、「凹」也好，正常也好，全都很重要。如果能開始注意並珍惜自己的全部，你們親子一定會過得更順利！

懷疑自己的既有常識

對話159 基礎篇

BEFORE 那根本不合常理！

換句話說

AFTER 這真的是常識嗎？

POINT 對於不會給他人帶來困擾的事情，我們應該寬容以待

本篇是在第4章「堅持的四象限圖」（Step62，p.206）中，針對「仔細一想，其實是不會對任何人造成困擾」的延伸。

我的大女兒還小的時候，非常堅持「我要穿全身粉紅色出門」。根據我當時的常識，會覺得「那樣穿的話，會有點怪怪的……」。

但是，除非是參加婚禮、葬禮，或是前往有要求正式服裝的高級餐廳以外，其實並不會給他人帶來什麼困擾。

從父母的角度來看，可能會覺得「這不合常理」，但如果沒有對他人造成傷害，也不會對社會造成多大困擾，那麼我們可以視為個人喜好和想法上的差異，劃出「孩子是孩子，我是我」的界線，寬容一些。

儘管如此，如果有一些「父母的堅持」無法讓步，我們可以用「媽媽是這麼想的，可以試著這樣做嗎？」的方式來拜託孩子，或是向孩子提一些建議討論看看（最終還是由孩子自己決定）。

在這樣的相處過程中，孩子可能會展現出某些才能，同時父母也逐漸不再堅持那些細微末節的小事了。

有效利用孩子的「堅持能量」

孩子的堅持也是感受豐富的表現。因此，在「堅持的四象限圖」中第一象限到第三象限的堅持，我們可以藉由顛覆既有看待事物的看法，將這種強烈的執著，有效利用在正確的方向，有可能引導成第四象限「不給任何人帶來困擾，並且自己也不受其困擾」，以下是我們家的一個實例。

我家的孩子們很挑食，對食物有著強烈的堅持，尤其是長子，他的味覺敏感度超乎常人。

正因如此，我讓他們學習烹飪，耐心且仔細教導他們烹飪的技巧，就連手腳笨拙的大兒子，為了想要吃美味的食物，也有相當大的進步。

現在他們三個人都能運用現有食材做出簡單料理，即使萬一我因病住院，也能夠安心。

處理孩子的堅持是一項需要耐心的工作，但如果能有效運用他們強烈的能量，孩子能夠學到的東西將會更多，而且如果允許他們保有自己的堅持，有一天他們可能會突然停止那份執著。

由焦慮所產生的堅持也是一樣的道理。例如對自然災害或未知病毒等感到恐懼和焦慮的孩子，透過詳細「了解」相關機制、預防和應對方法，反而有可能感到安心。更進一步，強烈的焦慮可能轉變為對知識的好奇心。其實「因為害怕」而成為地震學、醫學或生物學等專家的人，比想像中還多。

然後，我們應該營造一個適合的環境，並在經濟允許的範圍內給予支持，讓孩子能一直投入並沉浸在他們熱愛的事物，充滿熱忱持續追求夢想。

如果能夠善用孩子的堅持，他們可以做更多的事情，他們的世界也會變得更加豐富和廣闊。

🖤 幫自己加油打氣

第5章以前的章節，主要以父母對孩子的溝通為中心，但隨著孩子慢慢長大後，父母就要引導孩子學習幫自己打氣。

特別是在青春期的孩子，可能不太會坦然接受父母的讚美（這也是成長的證明）。有時候，他們會因為失敗的經驗或與他人互動而失去自信，陷入低潮，感到巨大壓力。

這時候，可以使用右頁「為自己加油打氣檢查表」，幫助孩子客觀檢視內心固有的「常識」，若能讓他們修正自己極端的想法，又可以意識到自己取得的成就，培養自我認同的習慣，那就再好不過了！

因為自己是自己最好的支持者。

其實，我也經常陷入各種疑惑中，所以當我感到沮喪時，總會在腦海中不斷重複這些想法。

可能人們都比較在意自己的缺點而不是優點、關注失敗而不是成功、在意他人的否定意見而不是肯定意見，因此很常忽略自己日常努力中的一點進步。

特別是在意他人眼光的多愁善感時期、本來就對追求完美有著強烈堅持的孩子，或是經歷過多次失敗的孩子，上述的情況就更加明顯。

在這種時候，我們可以試著意識到事物的兩面，告訴孩子把焦點放在積極的那一面。或是複製「為自己加油打氣檢查表」，悄悄貼在廁所的牆上（父母也可以這麼做）善加利用，如果能對你們有所幫助，我會很開心。

當我們失敗或感到沮喪時，常常會喪失信心。在這樣的時刻，試著找出自己能做到的事情、努力的地方，以及自己的優點。

☑ 這真的是「會做是理所當然」嗎？

就算對其他人來說是很簡單、很普通的事情，但對自己來說要非常努力才能完成。為自己的努力鼓掌！

☑ 這真的是「全部」都失敗嗎？

試著回想一下，哪些計畫已經做了一半？到目前為止做到了哪些事情？有哪些進展順利的部分？也是有做到的部分，不是嗎？

☑ 這真的是「缺點、弱點」嗎？

試著換個角度看事情。也許從反面來說，看似缺點的事情，其實是你的優點和強項呢？

☑ 這真的是「一般的事情」嗎？

常常無意識持續進行的事情，其實有很多吧？但其實「持續」這件事並不容易，也許可以給自己一點讚美，不是嗎？

☑ 這真的是「做不到的事情」嗎？

看到大家都能做到而自己做不到，多少會感到沮喪吧？但回想一下，一年前、五年前的自己是什麼樣子？你不覺得自己已經進步不少嗎？

☑ 這真的是「大家都這樣」嗎？

雖然有些話會傷到我們，但那只是「某人」的看法而已，不是所有人都這樣想，或許只是因為對方與自己不同而已？

☑ 這真的是「不可能的事情」嗎？

就算結果失敗，只要嘗試過、挑戰過，也是有價值的事情，對吧？讓我們給自己的勇氣一個「讚」吧！

等待孩子成長

對話160 **基礎篇**

BEFORE〉 到底到什麼時候才能做完！

▼

換句話說

▼

AFTER〉 （沒關係，再等一下肯定就好了）

POINT 育兒最大的幫手就是「孩子的成長」

就算從父母的角度來看，孩子似乎沒有任何進步或成長，但實際上，他們僅僅是吃飯、睡覺，就肯定比昨天成長不少。

孩子的成長可以說是育兒最大的幫手。

每天都努力照顧孩子的父母，可能會因為「不順利」、「看不到結果」而感到焦慮。

但無論如何，孩子一定會經歷變化並不斷成長。

父母透過反覆實驗如何養育孩子的過程中，那些嘗試的行動、日常的溝通、肢體的接觸……想藉此傳達給孩子的種種，雖然肉眼看不見，但這些事一定都成了孩子成長的養分。

就像是「牽牛花的種子何時會發芽」這個問題一樣，雖然有平均值，但沒有人知道確切的時間點，而孩子的成長也是如此，那個「可以做到」的時間點，依照每個人的成長時機而不同。

只要父母持續關注孩子的身心健康，那麼這天一定會到來。沒問題的，肯定再稍等待一下就好了。

撲克牌法則

從孩子小時候「會站了！」「會走路了！」直到現在，我仍然多次目睹孩子「做到了」的瞬間。

舉例來說，我的大兒子有段時間怎麼努力就是不會寫國字，結果有一天突然就會寫了，大女兒原本無法順利朗讀文章，突然間就能流暢的唸出文章。

有過這些經驗後，我感覺孩子「做到了」的時機，就像撲克牌遊戲一樣。

要學會某件事情，需要集合許多契機，這些契機如同各種手牌，例如有發展動作的「身體手牌」、讓大腦學會的「連接手牌」，以及孩子想要學會這件事的「心態手牌」……教養過程如同有耐心的一步步蒐集必要的手牌，例如環境、工具、機會等，當所有的手牌到齊時，就會轉變成「做到了」！

即使手牌只欠缺一張，情況可能就會發展不順利，本人也可能因此感到沮喪。儘管如此，只需要耐心的繼續抽牌，我相信最終手牌都會蒐集完成。

因為孩子是唯一能從一疊牌中抽取卡片的人，這不是在比誰快，不是被別人拿走了就沒了的遊戲，所以只要耐心等待他們的成長就好。

就像同花順一樣，愈困難的手牌愈難湊齊，但在這段期間，我認為親子間一起喝茶、一起聊天，享受等待成長的時光，這是多麼美好的一件事。

學習一定程度的放棄

對話161 **基礎篇**

BEFORE 完全無法照理想的情況進行，無法如願

換句話說

AFTER 這孩子就是這樣（我就是這樣），沒辦法

POINT 遇到努力也無法克服的障礙時，要在某種程度上放棄

有時候，人也需要在某種程度上學會放棄！

雖然不放棄、繼續努力，有時候也會遇到好事，但其實每個人都有不論怎麼努力，仍然無法做到的事情。

例如，我有五十肩與腰痛的問題，是個運動白痴且喜歡宅在家裡，這樣的我如果現在才想要努力成為奧運代表選手，那是不可能的事（笑）。「努力也無法克服的障礙」可能是個人能力的極限、是挫折，或是一個「障礙物」。

任何人都會遇到這種情況，這是很正常的一件事。

如果親子遇到了「努力也無法克服的障礙」，在某種程度上放棄，繞道而行也是一種處世之道。

「這就是我的孩子」、「這就是我」，嘆口氣說聲「沒辦法」，就在這個範圍內收尾就好。同時，可以花更多時間關注自己的優點、擅長的事、會做的事，透過選擇環境、活用工具，與周圍的人互相幫助，繞過障礙向前走，就沒有問題了。

理想與現實，該如何取得平衡？

「只要努力，有一天就能做到」和「努力也無法克服的事情，要在某種程度上放棄」，看似矛盾的心情「如何取得平衡」、「何時該著手」、「何時該妥協」，正是這本書的核心部分。

我認為，能夠在理想與現實之間找到平衡，並以對自己人生感到滿意的方式生活，這股力量正是所謂的「適應力」。

只憑理想是無法生活下去的，但是沒有繪出夢想的人生是痛苦的。對於孩子來說更是如此，本來孩子應該充滿無限的可能，但現實有時卻不如預期，只能一直看到自己做不到的事情，這樣的矛盾，首先必須由父母與孩子共同面對。

在地面扎根並向天空伸展，要柔軟而堅強，即使不勝也不敗、即使彎曲卻不斷，就算倒下多少次都能重新站起來。為了培養這種「生存能力」，我們應該如何取得理想與現實的平衡才好呢？

就像剛剛舉過的例子，雖然我現在要成為奧運代表選手是不可能的，但如果活用自己的專長，將夢想轉變為「成為奧運工作人員」，若我再努力點，或許能在有生之年實現也說不定。或者在自己能力範圍內，嘗試模仿崇拜的運動員的飲食生活方式、把某個人的「〇〇哲學」當做自己生活的參考，這些現在都能做到。

理想與現實取得平衡的重要關鍵就是：「即使有些妥協，自己也能感到滿意和滿足」。

同樣的，當孩子遇到現實中的障礙時，父母在悄悄支持的同時，也幫助他們找到自己可以接受的落腳點，孩子就會逐漸在地面上扎下牢固的根基。

Step 95 交給孩子去做

對話162 基礎篇

BEFORE 你太頑固了！

▼

換句話說

▼

AFTER 請告訴我該怎麼做才好？

POINT 最好的育兒教科書就是「孩子自己」

即使嘗試本書的對話方法，但效果還是不太好，嘗試過各種育兒法、教育或治療方法，但結果都不太理想，專家的建議並沒有任何作用……當你有這樣的感受時（或者每天都這樣覺得），請務必耐心向眼前的孩子細心詢問「孩子自己的育兒法」，也許會找到解決之道。

例如，如果孩子在某件事情上遇到困難，可以問：「該怎麼做才能做到○○呢？」「比如說，哪些方面感到困難？」

如果孩子十分堅持某件事或陷入困境時，可以問：「為什麼你會這麼想呢？」「要怎麼做你才能不再在意呢？」「要變成什麼樣的情況，你才會感到安心？」

如果孩子在學校或家中經常情緒不穩，可以問：「你希望怎麼告訴老師呢？」「有什麼媽媽可以做的事情嗎？」

最好的育兒教科書就是「孩子自己」。不懂的事情可以直接問本人就好。

 「不做」的選擇

當感到育兒陷入困境時，除了詢問本人外，還有另一個祕訣，那就是「不尋找父母可以做的事，而是尋找父母『不做』的事」，例如以下事項：

- 故意「不做」對話。
- 「不做」輔助或支持。
- 「不做」鼓勵或建議。
- 「不做」事前準備。

尤其是青春期的孩子，有時候需要獨自安靜思考，直到處理完大量訊息，或重新整理自己複雜混亂的內心，他們需要有與自己內心對話的時間，思考自己真正想要的是什麼。

此外，除了讓孩子獲得成功經驗外，學會從失敗中重新振作起來，也是一樣重要的事情。

只是，對於很難理解「只要失敗就會醒悟」或「只要努力就能成功」的孩子來說，如果都只有失敗的體驗，他們就會變得不知道該怎麼做，因此暫時還是需要大人的支持和幫助。

但不是「一直」、「全部」、「總是」，而是為了讓孩子們能夠逐漸學會自己做，即使只有一部分也好，找出父母「不做」的事情，例如「從這裡開始我們不做」、「到這裡為止我們不做」、「只有這部分我們不做」。

父母雖然「不做」，但其實是「遠遠守護」。如果父母與孩子奠定好愛和信任，有些時候即使跟孩子保持一些距離也無妨。只要從遠處關愛的看著孩子，讓他不會覺得「被拋棄」就好了。

只是這樣做，一些努力育兒的父母可能會感到有些寂寞，但在這方面，父母也需要多多忍耐。

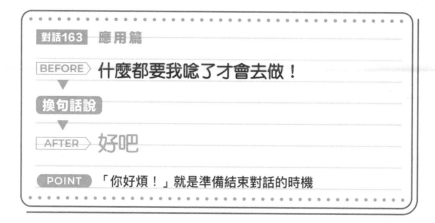

BEFORE　**什麼都要我唸了才會去做！**

換句話說

AFTER　好吧

POINT　「你好煩！」就是準備結束對話的時機

　　如果孩子對你說「好煩！」「我知道了！」等，這暗示著該考慮結束對話了。

　　當然，有時候就算孩子堅持說：「我知道了！」但其實他還沒有完全了解情況；有些事即使孩子覺得煩，父母還是有必要繼續說下去。

　　無論如何，父母的話已經確實傳達給孩子，在這個時候，父母也差不多要往結束對話的方向邁進（就算你覺得不得不說），此外也需要階段性的減少對話溝通，把這過程當做「遠遠守護」的練習就好。也許父母會覺得焦慮和不安，累積很多壓力，但此時要忍耐。

　　可以利用這個機會重新思考「自己的人生」，例如開始新的工作、重返職場、考取資格證書、重新開始自己曾放棄的興趣，或是規劃夫妻兩人的旅行，一起制定退休計畫等。

　　就算孩子開始獨立、遠離父母，但「媽媽」、「爸爸」的存在仍然很重要。即使孩子長大成人，這一點永遠都不會改變。

Step 96 接納孩子與自己

對話164 基礎篇

BEFORE > 這樣的情況，讓我很擔心孩子的未來

換句話說
▼

AFTER > 船到橋頭自然直

POINT 無論你怎麼努力，都不會有完美的孩子

本書到目前為止，首先是整頓父母自己的心情（第0章）、建立親子間的愛和信任（第1章）、關注孩子會做的事並幫孩子建立信心（第2章）、用孩子容易理解的方式來增加他們會做的事情（第3章）、耐心教導他們「不行的事就是不行」並培養自律能力（第4章）、在一定程度上妥協並與周圍的人討論如何共同生活（第5章），然後，如果父母能在適當的時候，與孩子漸漸保持適度的距離並觀察守護他們，相信孩子在接下來的人生，面對大部分事情都可以順利解決！

話雖如此，我認為父母始終都還是會擔心孩子：「這樣的情況，真令人擔心孩子的未來……」「如果他們不會做這個或那個，以後會很困擾吧！」這是人類的天性，正因為你關心孩子的人生，所以才會有無止境的擔憂。

但無論怎麼努力，孩子都不會變成完美的孩子，也沒有必要。因為每個人多少都會有一些小瑕疵，這是理所當然的事。

👾 人氣漫畫的主角魅力是什麼？

我們全家人都非常喜歡漫畫。

家裡到處都是漫畫，連走廊上的書架都堆滿了，地板上也散落著本週的《週刊少年Jump》。

由於家庭成員的興趣範圍不太一樣，所以各種不同類型的漫畫常混雜在一起，但不論是孩子喜歡的、社會上受歡迎的，或是長大後仍有深刻印象的漫畫，通常都有一個共同點，那就是主角非常有魅力（以及敵對角色和配角也都很有魅力）。

根據我自己的分析，這種「魅力」都來自於主角「有不完美的地方」。

完美無缺的主角無趣且難以產生共鳴，而吸引人的主角總是有某些明顯的缺點、有些事情不會做、偶爾會抱怨，或是會遭遇挫折和重大失敗……正是這種不完美和未完成的人格特質，讓一部戲劇誕生。主角需要朋友的幫助、在跌跌撞撞中成長，反而能讓讀者感到親近並產生共鳴，進而想要多鼓勵支持他。

正因為有「缺點」，才會有魅力。

育兒也是同樣的道理。

我認為正因為父母和孩子都有不足和缺點，我們才需要彼此的存在和周圍的力量；正因為偶爾會遇到挫折和失敗，才顯得人生豐富多采；正因為有時會很人性化的哭泣和生氣，才能成為一個有魅力的人。

每個人，都是自己人生的主角。

在親子關係中，有一些事情無法做到，或許才能使人生變得更加美好且多采多姿吧！

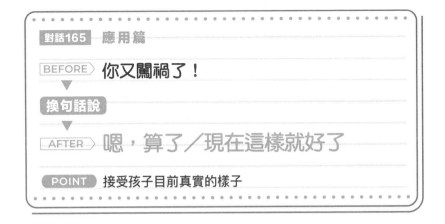

對話165 應用篇

BEFORE 你又闖禍了！

換句話說

AFTER 嗯，算了／現在這樣就好了

POINT 接受孩子目前真實的樣子

不論是孩子或父母，只要活在這個世上就一定會犯錯。

不管我們怎麼努力教導，會犯錯就是會犯錯，若心中稍微僥倖的想「只有我家孩子不會」，他們總能做出超越父母想像的事情，這就是孩子才有的特點。

沒有哪個孩子「絕對沒問題」，儘管如此，還是要相信孩子，但「相信孩子」並不是相信「自己的孩子不會犯錯或失敗」，而是相信「即使犯了錯，他們能夠想辦法解決」、「即使失敗了，也能重新振作起來」，相信他們的生命韌性。

在這種時候，為了可以轉換父母的心態，我會對自己說「嗯，算了」和「現在這樣就好」。

我用自己的方式努力育兒，但當孩子出錯時，我會想起上面這些話，為了接受孩子目前的樣子，我也經常這樣跟自己對話。

就算是身為父母的我們，也有很多事情無法做到，因為我們是人，這是很正常的事！

我自己也經常在感覺快要看到育兒終點時，往往又得重新返回到Step 01練習再練習。

但是這樣也挺好的，不是嗎？

給自己「合格父母」的認證

對話166 基礎篇

BEFORE〉 **我想要成為更好的父母！**

換句話說

AFTER〉 **我已經是很好／合格的父母了！**

POINT **如果眼前的孩子能笑得開心，那就是「合格的父母」**

　　當我回顧自己的過往時，覺得所謂的父母，是不是總在一直向孩子道歉呢？

　　「對不起，我沒能成為更好的父母」、「對不起，我不能再溫柔一點」、「對不起，我不能多陪伴你」、「對不起，我想給你更多的○○，但做不到」……。

　　這個社會確實充斥著關於「好父母」、「理想父母」的訊息，所以與他人比較，你會更在意自己做不到的事情，而不是已經做到的事情。但是，判斷你是否是一個「好父母」，不應該是由「社會」或「他人」來決定。

　　你的孩子回家會開心的說「我回來了」嗎？

　　孩子現在是健康活潑的嗎？相較去年，他們有成長了嗎？

　　眼前的孩子表情如何呢？

　　如果你的孩子在家能感到安心並快樂的笑著，那麼你已經是一個「好父母」了。也許現在你可以給自己一個「合格父母」的認證，你不覺得這很好嗎？

後記

從2014年「改變說話方式表」在網路上開始流傳，到這本書完成，實際上花了整整六年的時間，日本的年號也從「平成」改成「令和」。當時，我的大兒子是小學三年級，小兒子是小學一年級，而女兒才剛進幼稚園。

每天都是一片混亂、忙碌不堪，最後總是不自覺一而再、再而三發脾氣。

困難的任務接踵而來，即使如此，「父母」這項工作，在誰也無法取代的壓力中，我希望能稍微輕鬆一些、成為更好的父母，於是日復一日的自我學習，在不斷的嘗試與失敗下，最終讓我找到了「改變說話方式」的許多方法。

從那時算起已經過了六年。我的大兒子現在已經國中三年級，小兒子是國中一年級，而女兒則是小學四年級了。雖然我的日常生活可能看起來沒有太大的變化（笑）。不過，孩子們各自以自己的方式成長，變得愈來愈有自信，能與我並肩而立，與此同時，所需的對話方式也在這六年間逐漸改變。

孩子每天都在變化，同時周遭環境也不斷在改變。我開始意識到，若不同時把「孩子的成長」這個縱向的觀點，以及「與環境的關係」這個橫向的觀點，都一併考量進去，「改變說話方式」就無法完整。因此，我花了很長的時間在書寫這本書。

做為守護陪伴孩子成長幾年、甚至幾十年的父母，能夠注意到的事情、能夠做到的事情、能夠傳達的事情，我認為有很多。

如果藉由這本書，能讓每個家庭找到親子間可行的溝通方式，身為作者的我也會感到很幸福。在這六年間，世界也發生了很多變化。由於媒體的積極報導，「發展障礙」這個詞變得愈來愈常聽

到，以前很難找到適合自己孩子的育兒資訊，每天都在摸索中度過；現在網路上和書店裡充斥大量的資訊，反而令人有點困擾。

小學特教班的數量也增加了，雖然趕不上我大兒子就讀小學的時候，但學區的公立國小、國中也開設了特教教室。此外，隨著幼兒教育的免費實施，我們家孩子上的幼稚園似乎也要轉型成幼托整合的幼兒園。

但是，老實說我不知道育兒環境是否真的變得比較輕鬆。

撰寫這本書，從開始到完成也花了整整兩年的時間，但在這段期間，社會上充斥著許多悲傷的消息，讓我感到非常難過。

悲慘的虐待事件、險惡的霸凌（甚至包括教師之間）、孩子自殺事件，有美好未來的孩子和年輕人成為受害者的事件和事故；教育現場出現過度加班的老師、嚴重的教師短缺、體罰指導、校園暴力、班級崩壞；全球發生氣候變化使溫度逐年升高，自然災害規模愈來愈大。

還有，瞬間改變整個世界的病毒！

我現在深切感受到，「理所當然的日常」、「普通的生活」是透過世界各地所有人，龐大、穩定且看不見的努力而維持。

就在短短的幾個月內，連以前能夠輕易描繪出孩子們半年後的未來，現在也像被迷霧籠罩般，變得看不清楚了。

即使如此，我希望這些正活在當下的孩子們能夠堅強、有韌性的度過這個艱難的時代。希望他們能夠幸福的生活、盡可能的快樂，過上美好的人生。即使沒有父母的陪伴，希望他們也能在情緒低落、感到挫折時，能夠有力量重新振作、往前邁進；在遇到困難時，希望他們能夠有勇氣向他人尋求幫助，能夠與周圍的人互相扶持、互相幫助，共同生活下去。

如果可能的話，希望他們能夠有好友或伴侶的陪伴，從事適合自己的工作，獲得足夠維持生活的收入，偶爾也能品嘗美食。

身為母親，我的願望真的太多了，或許「父母」這種生物，就是貪心、任性且自私的。

這也是沒辦法、很正常的事。

最後，我由衷感謝ASA出版社的財津先生，從最初的企劃到這本書的完成，他耐心且堅持的等了我整整五年。

還有，提供我許多真實對話素材的三個孩子，以及始終可愛的小狗，最後是跟我一起年華漸增，慢慢冒出白髮的「爸爸」。一直以來，非常感謝你們。

多虧有你們，從我們家創造出來的對話法，可能在某個地方對誰產生幫助也說不定。

祝福你的孩子人生充滿美好的事物。

同時，也祝福你能稍微感到輕鬆一些。

希望每個孩子、每個人都能展現自我，每天笑著過生活。

2020年5月

輕鬆媽媽　大場美鈴

〈 参考文献 〉

「対人援助職に効くストレスマネジメント―ちょっとしたコツでココロを軽くする 10 のヒント―」竹田伸也：著／中央法規

「子どもが伸びる！魔法のコーチング」東ちひろ：著／学陽書房

「子ども虐待という第四の発達障害」杉山登志郎：著／学研

「愛着障害　子ども時代を引きずる人々」岡田尊司：著／光文社

「発達障がいを持つ子の『いいところ』応援計画」阿部利彦：著／ぶどう社

「開けばわかる発達方程式　発達支援実践塾」発達障害臨床研究会：著／木村順　川上康則　加来慎也　植竹安彦：編著／学苑社

「読んで学べる ADHD のペアレントトレーニング　むずかしい子にやさしい子育て」シンシア・ウィッタム：著、上林靖子他：訳／明石書店

「ワーキングメモリと発達障害　教師のための実践ガイド 2」Ｔ・Ｐ・アロウェイ：著、湯澤美紀　湯澤正通：訳／北大路書房

「いじめない力、いじめられない力」品川裕香：著／岩崎書店

「自閉症の子どものための ABA 基本プログラム 2　家庭で無理なく楽しくできるコミュニケーション課題 30」井上雅彦：編著、藤坂龍司：著／学研

「敏感すぎる自分を好きになれる本」長沼睦雄：著／青春出版社

「上司・友人・家族・ご近所…　身近な人の『攻撃』がスーッとなくなる本」水島広子：著／大和出版

「子どものための精神医学」滝川一廣：著／医学書院

「史上最強図解よくわかる発達心理学」林洋一：監修／ナツメ社

「発達障害＆グレーゾーンの 3 兄妹を育てる母の毎日ラクラク笑顔になる 108 の子育て法」大場美鈴：著、汐見稔幸：監修／ポプラ社

「発達障害＆グレーゾーンの 3 兄妹を育てる母のどんな子もぐんぐん伸びる 120 の子育て法」大場美鈴：著、汐見稔幸：監修／ポプラ社

など、多数。

〈 参考網站 〉

「文部科学省」https://www.mext.go.jp/

「LITALICO 発達ナビ」https://h-navi.jp/

「楽々かあさん公式HP」https://www.rakurakumom.com

家庭與生活 091

父母不動氣，孩子能聽懂的輕鬆應答法
立即可用！常見教養情境 × 話語範例，跟孩子好好說話不心累

発達障害 & グレーゾーン子育てから生まれた
楽々かあさんの伝わる！声かけ変換

作者｜大場美鈴
譯者｜林曉婷
責任編輯｜謝采芳
特約編輯｜袁于善、王怡鈞、李怡樺
編輯協力｜王雅薇
封面設計｜黃祺芸 Huang Chi Yun
版型設計、排版｜賴姵伶
行銷企劃｜洪筱筑

天下雜誌群創辦人｜殷允芃
董事長兼執行長｜何琦瑜
媒體暨產品事業群
總經理｜游玉雪
副總經理｜林彥傑
總監｜李佩芬
行銷總監｜林育菁
版權主任｜何晨瑋、黃微真

出版者｜親子天下股份有限公司
地址｜台北市 104 建國北路一段 96 號 4 樓
電話｜(02)2509-2800　傳真｜(02)2509-2462
網址｜www.parenting.com.tw
讀者服務專線｜(02)2662-0332　週一～週五 09:00~17:30
讀者服務傳真｜(02)2662-6048
客服信箱｜parenting@cw.com.tw

法律顧問｜台英國際商務法律事務所・羅明通律師
製版印刷｜中原造像股份有限公司
總經銷｜大和圖書有限公司　電話｜(02)8990-2588

出版日期｜2023 年 8 月第一版第一次印行
　　　　　2024 年 8 月第一版第四次印行
定價｜450 元
書號｜BKEEF091P
ISBN｜978-626-305-537-7（平裝）

訂購服務
親子天下 Shopping｜shopping.parenting.com.tw
海外・大量訂購｜parenting@cw.com.tw
書香花園｜台北市建國北路二段 6 巷 11 號
電話｜(02)2506-1635
劃撥帳號｜50331356 親子天下股份有限公司

國家圖書館出版品預行編目 (CIP) 資料

父母不動氣，孩子能聽懂的輕鬆應答法 : 立即可用！
常見教養情境 x 話語範例，跟孩子好好說話不心累 /
大場美鈴著 . -- 第一版 . -- 臺北市：親子天下股份有限
公司 , 2023.08
320 面 ; 1.9 公分 . -- (家庭與生活 ; 91)
ISBN 978-626-305-537-7(平裝)

1.CST: 親職教育 2.CST: 親子溝通 3.CST: 溝通技巧

528.2　　　　　　　　　　　112010763

立即購買 >